신목민심서

공무원은 상전이 아니다

신목민심서
공무원은 상전이 아니다

초판 1쇄 펴낸 날 / 1998년 10월 10일
초판 11쇄 펴낸 날 / 1998년 10월 29일
개정판 1쇄 펴낸 날 / 2009년 11월 20일

지은이 • 김정길 | 펴낸이 • 임형욱 | 편집주간 • 김경실 | 편집장 • 정성민
표지디자인 • 조현자 | 본문디자인 • AM | 영업 • 이다윗 | 교열 • 김두경
펴낸곳 • 행복한책읽기 | 주소 • 서울시 중구 필동3가 15 문화빌딩 403호
전화 • 02-2277-9216,7 | 팩스 • 02-2277-8283 | E-mail • happysf@naver.com
인쇄 제본 • 동양인쇄주식회사 | 배본처 • 뱅크북
등록 • 2001년 2월 5일 제2-3258호 | ISBN 978-89-89571-61-2 03340   값 • 12,000원

신목민심서

공무원은 상전이 아니다

| 김정길 지음 |

행복한책읽기

다시 다산을 생각한다

『공무원은 상전이 아니다』를 출간한 것은 1998년 10월이었다. 당시는 금융 위기로 인해 IMF 구제 금융으로 나라 살림을 꾸려 가야 했던 국가적 고난기였다. 사회 각 부문에서 뼈를 깎는 구조조정 작업을 해야 했고, 공직사회 역시 강도 높은 고통 분담이 요구되고 있었다. 나는 당시 공무원의 인사와 조직을 담당하고 있던 현직 행정자치부 장관으로서 내부의 비판을 각오하고, 이 책을 통해 공직사회의 치부를 국민의 눈높이에서 적나라하게 드러내는 한편, 조직의 수장으로서 강도 높은 변화와 개혁을 촉구했다.

그 때문인지 이 책은 공직사회는 물론 언론이나 일반 시민들에게도 적잖은 반향을 일으켰으며, 대내외적으로 수많은 질책과 격려가 동시에 쏟아졌다. 그 여파로 짧은 기간에 수만 부가 판매되면서 베스트셀러에 오르기도 했다.

그런데 출간한 지 만 10년이 지난 올 7월에 예기치 않게 이 책의 중국어판을 내게 되었다. 작년 9월부터 북경대학교 동북아연구소의 방문학자로 중국과 인연을 맺게 되었는데, 연구소로부터 이 책의 중국어판 출판과 공직사회 개혁에 대한 특강을 권유받았기 때문이다.

사회주의 국가인 중국에서도 베이징올림픽 이후 개혁이 국가적 과제가 되어 있고, 특히 공직 사회의 부패 척결을 위해 강도 높은 개혁정책들이 추진되고 있다. 이 책의 중국어판이 출간될 수 있었던 것도 중국의 이런 개혁 바람과 무관하지 않을 것이다.

책 출간 이후 나 역시 많은 변화를 겪었다. 이 책을 쓸 당시 나는 행정자치부 초대 장관으로 일하고 있었다. 이후 나는 청와대 정무수석을 거쳐, 정부의 협조를 받아야 하는 정부 산하 단체의 수장인 대한체육회 회장 겸 대한올림픽위원회 위원장으로서도 일했다. 말하자면 나는 공무원 조직의 수장으로서 공직 사회를 지켜보기도 했고, 반대로 정부의 도움을 받아야 하는 정부 조직의 산하단체장으로서 공무원 사회를 겪어보기도 했다.

행정자치부 장관으로서 나는 '공무원은 국민의 상전이 아니다'를 모토로 공무원 사회의 개혁을 추진하였고, 공무원들에게도 '국민에게 행정 서비스를 한다'는 자세로 일해 줄 것을 요청했었다. 하지만 그 이후, 산하단체장으로서 문화체육관광부를 비롯한 여러 정부 관료 및 공무원들과 일을 하면서 나는 '아직도 공무원은 상전인가?'라는 생각을 떨쳐버릴 수가 없었다. 행정자치부 장관 시절, 담당 부서의 과장이 산하단체장보다도 더 큰 위세를 부리는 것도 옆에서 지켜보았고, 대한체육회장 겸 대한올림픽위원회 위원장으로 일을 해나가는 과정에 있어서도 밑으로는 하위직 공무원에서부터 위로는 장·차관에 이르기까지 온갖 이유 같지 않은 이유로 딴지를 거는 일들도 직접 겪었다.

물론, 이 책을 처음 쓴 10년 전과 비교하면 달라지거나 개선된 것들도 많이 있다. 공무원 사회의 서비스, 특히 일선 민원 창구에서의 서비스는 10년 전과 비교할 수 없을 정도로 눈에 띄게 좋아졌다. 당시에는 첨단적인 제안의 하나였던 전자민원제도도 이제는 너무나 당연한 일상적인 제도가 되었다. 그리고 당시 국민연금제도에 비해 상대적으로 개혁의 대상으로 지적되었던 공무원 연금제도도 상당부분 합리적으로 개선되었다.

이렇게 10년 사이에 나아지거나 달라진 것들이 있는 반면, 10년이 지나도 전혀 달라지지 않은 것들도 많다. 정부 기관 아래 산하단체들을 늘려서 퇴직한 공무원들의 일자리를 만드는 행태는 더 나빠졌으면 나빠졌지 나아진 것이 없다. 국민을 섬기려는 자세가 아니라 국민 위에 상전으로 군림하려는 자세를 가진 공무원들도 아직 많다.

우리 사회의 각 분야는 1년이 멀다하고 눈부신 변화와 발전이 이루어지고 있는데, 10년 전에 쓴 이 책에서 지적하고 있는 많은 부분들이 여전히 유효하다는 것이 안타깝다.

『공무원은 상전이 아니다』의 중국어판 출판과 더불어 이 책의 재출간을 결정하게 된 직접적인 계기는 '이 책의 여전한 유효성'을 일

깨워준 한 시민의 캠페인 때문이다.

　최근 나는 인터넷 검색을 하다가 『공무원은 상전이 아니다』를 지방자치단체 단체장과 의회, 일선 공무원들에게 발송하는 캠페인을 벌이는 인터넷 카페와 블로그가 있다는 사실을 알게 되었다. 이미 절판된 책이라 헌책방을 수소문하고 책 구입과 발송 등에 만만치 않은 비용이 듦에도 불구하고, 여러 사람들이 이 캠페인에 동참하고 있었다. 그만큼 공무원들에게 이 책을 권하고 싶은 이들이 많다는 뜻이나.

　또한 행정학과 관련하여 공부하거나 논문을 쓰는 사람들, 그리고 공무원 시험을 준비하는 사람들 가운데서도 『공무원은 상전이 아니다』의 재출간을 요청하는 이들이 꾸준히 있어 온 것도, 이 책의 재출간을 고려하게 만들었다.

　나의 재출간 의사를 듣고, 책을 전반적으로 꼼꼼히 검토하고 일선 공무원에게 자문을 구하는 등 수고를 아끼지 않은 행복한책읽기 임형욱 대표의 적극적인 지지도 결정에 큰 힘이 되었다.

　이 책의 개정판 머리말을 다시 쓰면서 또 한번 다산 정약용을 떠올렸다. 다산 정약용이 지금 다시 『목민심서』를 쓴다면 그 책은 어떤 내용일까? 조선 후기의 개혁 군주 정조대왕의 강력한 후원 아래 조선의 개혁을 이끌다가 정조 사후 정권이 바뀌자 멀리 강진으로 유배되는 신세가 되어 초야에 묻힌 채 못 다 이룬 개혁의 꿈을 담고, 목민(牧民)의 희망을 담아 써 내려갔던 『목민심서』.

　내 감히 다산 정약용에 비할 바는 아니나, 대한민국 역사상 최초로 투표에 의한 정권 교체에 성공한 국민의정부 초대 행정자치부 장관과 청와대 정무수석으로 공무원 사회와 우리 정치권의 개혁을 위해 미력이나마 보태고자 노력하다가, 이제는 한 시민으로서 우리 공무원 사회의 여러 모습들을 지켜보고 있다. 내가 다산의 마음 모두를 이해할 수는 없겠지만, 때때로 나는 다산을 생각한다. 그럴 때마다 그의 애민(愛民)하는 마음과 탁월한 식견을 배우려 애를 쓰고 있다.

개정판 머리말을 다시 쓰며 다산을 생각한다.

2009년 10월 초, 파란 가을 하늘 아래에서
김정길

종아리를 걷는 심경으로…

이 책은 내가 행정자치부 장관으로 일하면서 6개월 동안 지켜본 공직사회의 솔직한 모습이다. 6개월이란 결코 긴 시간이 아니다. 때문에 장관이기 이전에 국민의 한 사람으로서 바라본 공직사회의 모습이라고 하는 편이 더 맞을지도 모르겠다.

우리 공직사회는 지금 거대한 변화의 소용돌이 속에 들어가 있다. 경제 위기를 극복하고 21세기의 일류 국가로 도약하기 위해 사회 각 부문에서 개혁에 박차를 가하고 있다.

공직사회도 결코 예외가 될 수 없다. 그러나 아직까지 복지부동, 무사안일, 냉소주의, 부정부패 등 잘못된 관행이 여전히 남아 있어 개혁의 발목을 잡고 있다.

이 책은 그 실상을 있는 그대로 진솔하게 '국민의 눈높이'에서 드러내려고 노력했다. 개혁을 추진하면서 겪었던 갖가지 일화와 심경, 행정개혁의 구체적인 방향, 다른 나라의 개혁 사례 등이 실려 있다.

또한 이 책의 많은 부분에서 행정자치부 홈페이지에 개설되어 있는 '장관과의 대화방'에 올라온 내용을 그대로 인용했다. 지금 우리 공직사회에 대한 국민과 공무원의 생각이 어떤 것인지 가감 없이 드러나는 만큼 우리 공직사회의 현재 모습을 효과적으로 들여다볼 수 있는 창문의 역할을 하는 것이다. 그래서 이 책의 상당 부분의 실제 저자는 '공직사회의 개혁을 바라는 국민과 공무원'이라고 할 수 있다.

그런 만큼 공직사회의 실상과 문제점에 대한 깊이 있는 이해와 이론적인 접근, 충분한 대안 제시라는 면에서는 아쉬움이 없지 않다. 그러나 이 부분은 학자들의 몫으로 남겨두고자 한다.

내가 이 책을 준비하는 것을 알고 주변에서 반대하는 사람들도 많았다. '공무원들의 잘못이나 공직사회의 그릇된 관행은 결국 장관의 책임이 아니냐, 질타하는 대신 감싸안는 자세가 필요하다'는 것이었다.

물론 현직 장관이 자기 조직의 실상과 문제점을 드러내는 것은 쉬운 일이 아니다. 더구나 공직사회의 부정적인 측면들을 많이 부각시킨 것 같아서 대다수 성실하게 일하는 공무원들에게는 솔직히 미안한 심정이기도 하다.

그런 점을 충분히 이해하고 고민하면서도 이 책을 내기로 결심한 것은 나 자신 지난 6개월을 되돌아보면서 잘잘못을 따져보고 국민의 질책에 종아리를 걷는 심경에서였다. 그리고 또 한편으로는 우리 공직자들에게 겸허한 자기반성을 촉구하기 위해서였다.

공직사회는 변해야 한다. 철저하게 경쟁력을 갖추고 최상의 서비스 정신을 가진 조직으로 거듭나야 한다. 우리는 지금 개혁과 구조 조정의 과정에서 뼈아픈 고통을 겪고 있다. 그러나 개혁이 성공하지 못할 경우에는 더욱 큰 희생이 따르게 된다.

그런 의미에서 공직사회에 변화와 개혁의 바람을 일으키는 데 이 책이 작으나마 도움이 되었으면 한다.

1998년 추석날 아침에
김정길

CONTENTS • • •

4. 비리·무능·무사안일의 행정사각지대

5. 불량률 제로의 행정서비스 공장

1

변하지 않으면
같이 죽는다

핫 이슈!
'행자부의 두 얼굴'

한 중앙부처 공무원이 '행자부의 두 얼굴'이란 제목으로 행자부 인터넷 홈페이지에 올린 글이 큰 화제를 모았다. 이 글은 관료에 의한 관료주의 비판이며 우리 공직사회의 솔직한 자화상이었다.

한 중앙부처 공무원이 '행자부의 두 얼굴' 이란 제목으로 행자부 인터넷 홈페이지에 올린 글이 큰 화제를 모았다. 이 글은 관료에 의한 관료주의 비판이며 우리 공직사회의 솔직한 자화상이었다.

자신을 '부행자' 라고 소개한 이 공무원은 이렇게 포문을 열었다.

"업무상 행자부를 자주 방문하게 되는 중앙부처 공무원이다. 행자부가 공무원과 일반 부처 위에 군림하려 하거나 발목을 잡으려는 피나는 노력을 해온 것은 이미 그 전신인 총무처나 내무부 시절부터 널리 알려진 사실이다.

그런데도 진부하게 이런 글을 쓰고 있는 것은, 행자부에 부여된 기능과 책임이 그냥 비웃거나 화만 내고 그만두기에는 너무 크고 막중하다고 생각하기 때문이다.

나는 개인적으로 김정길 장관을 좋아하는 편에 속한다. 김정길 장관이 제15대 대통령직인수위원회에서 정무분과위의 간사위원을 맡아 개혁적인 의견과 조치를 제시할 때 많은 성원을 보낸 적도 있다.

　　그러나 요즘에는 솔직히 말해서 실망하고 있다. 뭔가 달라지거나 달라지려는 노력을 행자부에서 찾아볼 수 없기 때문이다. 행자부에 전화를 걸어 행자부 직원과 통화해보거나, 행자부의 직원이 걸어온 전화를 받거나 하면 왠지 속이 더부룩해지고 답답하고 소리라도 지르고 싶어지는 기분이 드는 경험을 토로하는 사람이 내 주위에도 많이 있다.

　　'되는 일도 없고 안 되는 일도 없는' 그런 대표적인 부처가 행자부라는 평을 장관께서는 알고 계신지 모르겠다.

　　행자부는 변해야 한다. 지난번 정부조직 개편 때 얼마나 많은 국가 공무원과 지방 공무원들이 총무처와 내무부의 폐지를 기대하고 있었는지 장관께서는 알고 계신지 모르겠다. 그 역할과 기능이 중요하고 크기 때문에 내무부와 총무처가 거듭나야 된다는 애정으로 나 자신도 폐지론을 찬성했었다. 그러나 결과는 두 개의 관료 마피아를 통합하여 '지존'으로 만들어 놓았다. 아마도 내부에서 스스로 붕괴되는 것을 기대한 조치는 아닐까.

　　어떻든 행자부는 변해야 한다. 스스로 변하지 않으면 변하게 해야 한다. 그런데 나는 그 변화의 조짐과 그 변화의 조짐에 발목을 잡는 그런 징조를 한꺼번에 보았다. 그것도 불과 10분 사이에 겪게 된 행자부 공무원의 두 얼굴은 이렇다.

업무상 국외훈련과와 그 위층에 있는 다른 과를 순서대로 들를 기회가 있었다. 그리고 그 소감을 한마디로 말하자면 바로 '천국과 지옥'을 다녀온 그런 기분이었다. 먼저 들른 국외훈련과나 다음으로 들른 과나 사무실 구조, 집기는 모두 같았다. 그러나 그 안에서 근무하는 사람은 아주 달랐다.

눈이 마주치자마자 바로 일어나서 인사를 하고, 자리를 권하고 용건을 묻는 친절함과 업무를 협의하면서 상대편의 입장에서 긍정적으로 성실하게 들어주는 진지함을 국외훈련과에 근무하는 사람들이 가지고 있다면, 보고도 못 본 척 얼굴을 돌리고, 옆에 가 서서 불러야만 알은체하고, 선 채로 한참을 기다리게 해놓고 집으로 전화를 해서 새로 온 강아지가 밥을 잘 먹는지 애들하고 잘 노는지를 장황하게 물어보고, 그리고 한마디로 내리는 결론은 "할 수 없다", "내 선에서는 안 되니 우리 과장이나 국장에게 그쪽의 과장이나 국장이 청을 넣어봐라", "규정에 맞지 않다(그런데 그 규정이 얼마나 복잡하게 작위적으로 해석되는지, 그 부서의 공무원이 법령을 해석하면 여자도 남자로 바꿀 수 있을 거란 생각을 해본 적도 있다)", "오늘은 바쁘니 다음에 전화하면 다시 가지러 들어오라", "팩스는 깨끗하지 않으니 직접 가지고 들어오라(그 직접 가지고 들어오라는 서류가 간단한 통계표, 한 장짜리 통계표다)", 이런 말을 그 위층에 있는 과에 근무하는 사람들은 아무 거리낌 없이 '최불암 씨가 김회장 역을 연기하듯' 이 그렇게 자연스럽게 내뱉고 있었다. 공무원인 나에게 이럴진대 민원인에게는 오죽하랴는 생각을 하니 분노가 치솟는 느낌이었다.

분명히 행자부는 변해야 한다. 그리고 그 변화는 스스로 가져와야 한다. 그러나 그게 안 된다면 김정길 장관은 지금처럼 아무런 조치를 취하지 않은 채 있어서는 안된다. 그것이야말로 직무유기다."

나는 이 글을 읽고 가슴이 답답했다. 국민들이나 다른 부처 또는 지방의 공무원들이 행자부를 바라보는 시각이 바로 이런 것이구나 하고 새삼스레 느꼈다. 기회 있을 때마다 공직자들의 자세 전환을 강조했지만 역시 변화란 쉬운 일이 아니다. 한편으로는 이런 용기 있는 비판을 할 수 있는 공무원이 있으니 우리 공직사회가 아직 희망이 있구나 하는 생각도 했다.

제 얼굴 깎아먹는 권위주의자들

'행자부의 두 얼굴'에 대한 공직사회의 반향은 의외로 큰 것이었다. 용기 있는 지적에 대한 격려, 찬사와 더불어 반론도 만만치 않아 20여 명의 공무원이 후속 의견을 내고 전체 조회수가 무려 7,000여 회나 됐다.

한 지방 공무원은 "나도 행정자치부 국외훈련과에 전화를 한 적이 있다. 역시 국외훈련과 사람들은 대단히 친절했다. 그래서 내심 나하고 전화 통화한 사람은 옛날 총무처에 근무했던 직원일 것이라는 생각이 언뜻 지나갔다. 왜냐하면 내무부에 근무했던 사람은 그렇게 친절할 리가 없을 텐데라는 생각이 들었다. 내무부의 권위주의적 행태에 대해서는 현재 지방에 근무하는 공무원들은 누구나 다 느끼고 있을 것이다. 지방 공무원 대부분이 업무를 추진하다가 의문사항이 있으면 내무부에 전화 걸기를 얼마나 주저하는지, 시·도에 근무하는 공무원들은 잘 알고 있다. 이것이 내무부의 위상이다. 한마디로, 전화하면 마음 편하고 친절하게 대해주지 않는다"라고 했다.

그는 또 "많은 뜻있는 공무원들이 좀더 행정부문의 개혁이 강력하게 추진되기를 바라고 있다. 개혁의 핵심은 인원감축에 있는 것이 아니라 공무원 조직 내에 경쟁원리를 도입해 경쟁력 없는 공무원은 스스로 물러나도록 하는 것이다"라고 지적했다.

행정조직의 최일선인 동사무소에서 여러 부류의 민원인들과 하루 생활을 같이 한다는 4년차 민원담당 공무원도 이렇게 토로했다.

"일전에 '긍정적이고 적극적인 자세, 환골탈태의 자세로 변화를 시도하는' 행정자치부에 문의차 전화를 했다. 점심시간이 얼마 남지 않은 시각, 주민등록증 허위발급자 조치에 대해 편람에 사례가 나와 있지 않아 구·시에 문의하였지만 정확한 처리를 위해 해석이 필요하다 싶어 한참을 망설이다 전화를 걸었다.

그런데 전화 받은 사람은 처음부터 '무슨 대단한 일인데 동사무소에서 여기까지(?) 전화를 했느냐'며 '점심 먹으러 가야 하니 빨리 말하라'고 했다.

(기분이 상했지만) 몇 마디 말도 채 하기도 전에(본론도 채 말하기 전에) 말을 끊더니, 편람 몇 쪽에 다 있다며 퉁명스럽게 말하고 일방적으로 끊어버리는 것이었다.

너무 황당하고 기가 막힌 나머지 자존심이 무척 상했다. 시쳇말로 '지들이 월급을 나보다 많이 타? 쥐뿔도 없는 것이' 하는 생각까지 들었다. 정말 이래도 되는 건지, 설령 별 게 아니고 잘 모르고 물어봤다고 하더라도 너무 심한 것 아닌가."

"'행자부의 두 얼굴' 이란 내용이 많은 지방 공무원들에게 카타르시스를 주는 것은 그만큼 공감하기 때문이며, 열띤 토론과 엄청난 조회수를 기록하고 있다는 사실에서 우리 공직사회의 미래는 밝다고 생각한다"는 것이 한 공무원의 결론이었다.

나도 구 내무부에 근무하다가 자치단체 파견 근무를 마치고 다시 행자부 본부로 복귀한 한 공무원으로부터 이와 비슷한 이야기를 들은 적이 있다. 지방자치단체에 근무하고 있을 때 "가장 스트레스 받는 일이 내무부로부터 전화 받는 일"이라며, "내무부와 전화통화를 하게 되면 하루 종일 기분이 언짢았다"고 했다.

행정자치부에 대한 따가운 비난, 그것도 민원인이 아니라 같은 공무원으로부터 받은 화살이기에 더욱 아프게 느껴졌다. 이제 우리 공직사회도 변해야 한다. 행정문화와 공무원의 행태도 바뀌어야 한다. 그리고 조직 내부에 살아 있는 비판력이야말로 이번의 길고 긴 논쟁의 열매가 아니었나 생각하면서 공직사회의 개혁의지를 다시 한번 가다듬게 된다.

관료의 장관 길들이기

장관은 외로운 존재다. 다산 정약용 선생도 '목민관은 홀로 고립되어 있다'고 『목민심서』의 '이전(吏典) 6조'에서 갈파하고 있다. 특히 나처럼 정치인 출신이 장관으로 입각한 경우는 더욱 그렇다.

장관은 외로운 존재다. 다산 정약용 선생도 '목민관은 홀로 고립되어 있다'고 『목민심서』의 〈이전(吏典) 6조〉에서 갈파하고 있다. 특히 나처럼 정치인 출신이 장관으로 입각한 경우는 더욱 그렇다. 심하게 말하면 차관 이하의 모든 공무원들이 한편이 되어 장관을 압박하는 것처럼 느껴질 때도 있다. 오죽하며 '장관 과객론(過客論)'까지 생겨났겠는가.

내가 공무원 사회에 대해 새삼 놀란 것은 정부의 조각 발표가 있던 날이다. 나는 15대 대선 직후 구성된 대통령직인수위원회에서 정무분과위원회 간사를 맡았고, 신문지상에도 계속 장관 후보로 거론됐다. 처음에는 청와대 정무수석으로 거론되다가 행정자치부 장관, 해양수산부 장관에 이름이 오르내리는 등 상황이 여러 차례 반전을 거듭했다.

임명장보다 먼저 도착한 결재 서류

조각 발표가 나던 날 아침에 국민회의 한 고위 당직자가 카폰을 통해 입각이 결정된 것 같다고 미리 귀띔을 해줬다.

그러나 그때까지 아무런 연락도 받지 못하고 있었는데 해양수산부의 한 간부가 먼저 전화를 걸어왔다. "우리 부 장관으로 오시게 됐으니 축하드린다"며 여의도의 내 개인 사무실로 업무보고를 하기 위해 오겠다는 것이었다. 나는 아직 청와대로부터 아무런 통보도 받지 못했고, 또 공식발표도 나지 않았으니 오지 말라고 간신히 만류했다.

잠시 후 청와대로부터 행정자치부 장관으로 결정됐다는 전화 연락을 받은 지 10분쯤 지났을 때였다. 행자부 간부들 몇몇이 개인 사무실로 찾아왔다. 더욱 놀라운 것은 장관 취임사와 함께 '행정자치부 장관 김정길'이라고 새겨진 명함까지 준비해 왔다는 사실이다.

그들은 그날 오후 청와대에서 있을 임명장 수여식에 타고 갈 청와대 출입용 스티커가 붙은 장관 관용차도 가지고 왔다. 또 급한 결재 서류가 있으니 바로 결재해 달라면서 서류를 내밀기도 했다. 나는 입각 통보만 받았을 뿐 장관 임명장도 받지 않았으니 아직 장관이 아니라며 그들의 요구를 거절했다.

한마디로 공직사회의 순발력은 정말 놀랄 만한 것이었다. 아니 공무원 사회가 아니면 불가능할 정도라고 생각됐다. 나는 그들이 써온 취임사를 읽지 않고 평소에 생각해 오던 소신 몇 가지를 간단히 이야기하는 것으로 취임사를 대신했다.

나중에 알게 된 일이지만 행자부 간부들이 내 개인 사무실로 오기 바로 직전, 행자부 장관 후보로 유력하게 거론되던 또 다른 한 인사의 사무실로 향해 가다가 상황이 바뀌자 황급히 발길을 내 사무실로 돌렸다는 것이다. 그 며칠 후 유력 후보자로 거명되던 그 인사의 이름이 찍힌 편지봉투 몇 장이 비서실에 있던 편지봉투 뭉치 속에서 발견되기도 했다. 폐기 과정에서 실수로 몇 장이 남은 것 같았다.

물론 이렇듯 상관을 잘 모시는 자세는 칭찬받아 마땅한 일이다. 그러나 그만한 성의를 갖고 국민을 대하려는 자세가 갖춰졌는가, 민원인들에게 그런 신속함을 보이고 있는가 하는 점을 생각하면 뒷맛이 개운치 않다. 또 그들이 미리 장관 후보들의 명함과 봉투 등을 만드는 데 사용한 비용이 모두 국민이 낸 세금일진대 이렇게까지 민첩하게 대응할 사안인가 싶었다.

관료집단은 순발력과 함께 눈치가 매우 발달된 조직이기도 하다. 그날 장관의 심기가 어떤지 살펴본 뒤 어렵겠다 싶으면 하루 이틀 결재를 늦추기도 한다. 통상 비서실의 분위기가 화기애애하면 장관의 기분도 좋고 결재가 무사통과인 것이다.

내가 경험한 대표적인 사례는 전자주민카드 도입 문제였다. 나는 인수위 간사 시절 전자주민카드 도입에 대해 유보적인 의견을 갖고 있었다. 우선 개인의 사생활을 침해할 우려가 높다는 데 공감했다. 또 정부 예산만 약 2천7백억 원, 감식기 설치 등 민간부문의 비용까지 합쳐 6천억~7천억 원의 막대한 투자가 필요한 사업을 재정 여건이 지극히 어려운 IMF 관리체제 하에서 과연 시작해야 할 긴급한 사안인가도 고민이었다.

그걸 잘 아는 관련 부서 공무원들이 처음에는 내 앞에서 전자주민카드의 '전' 자도 꺼내지 않았다. 그러다가 서로 친숙해지면서 기분이 좋아 보일 때마다 전자주민카드의 당위성을 서서히 주지시키는 것이었다.

'이걸 도입하지 않으면 우리 부처의 행정개혁 프로그램에 차질이 빚어진다', '반드시 해야 할 국가적 사업인데 정말 아쉽다' 는 등 그때그때 설득력 있는 말로 나를 찬성 쪽으로 유도해 나갔다. 때로는 나와 가깝고 나에게 영향을 줄 수 있는 측근 인사들을 통해 말이 들어오기도 했다.

이 같은 일을 겪으면서 공무원들이 장관의 심리상태를 파악하고 자신들이 원하는 것을 얻어내는 데 엄청나게 기민하다는 사실을 새삼 느끼게 됐다.

장관을 길들이는 세 가지 함정

조금 다른 이야기이긴 하지만 소위 '장관 길들이기' 라는 제목으로 한 시사주간지에 이런 이야기가 실려 관가에서 화제가 된 적이 있다. 장관이 새로 취임하면 세 가지 함정과 맞닥뜨린다는 것이다.

첫째가 스케줄 함정이다. 아침부터 저녁까지 장관의 스케줄을 관리하며 뺑뺑이를 돌린다. 정책사안에 대해 제대로 숙고할 시간이 없다. 이렇게 정신 없는 상황에서 관료들은 자신들의 손에서 1~2주일 정도 잡고 있던 정책을 갑자기 내밀며 결재를 요구한다. 청와대 보고 시간이 촉박하다는 말과 함께. 이렇게 두 달을 보내고 나면 장관의 입에서는 "가만 있어보자. 내일 스케줄이 어떻게 되지"라는 말이 절로 나오게 된다. 장관이 스스로 할 일을 챙기지 못하고 관료들에게 의존하게 된다. 이 때문에 외부 자문이나 충분히 여론을 청취할 시간을 갖지 못하고 정책을 발표했다가 언론이나 다른 장관들에게 난타를 당하기도 한다.

둘째가 방문객 함정이다. 장관실에는 숱한 방문객들이 찾아온다. 물론 장관이 필요에 의해 부르는 방문객도 있지만, 예고 없이 찾아오는 경우가 더 많다. 이들은 대개 장관의 단점이나 정책상의 문제점을 지적하기보다는 듣기 좋은 미사여구만 늘어놓는다. 반면 쓴소리를 해줄 방문객은 부르기 전에 찾아오는 경우는 극히 드물다. 결국 찾아오는 방문객의 면담에 쫓기다보면 한쪽 얘기만 듣게 된다.

셋째가 자기도취 함정이다. 바쁜 스케줄에다 쉴 새 없이 찾아오는 방문객을 맞다보면 장관은 스스로 열심히 하고 있다고 생각한다. 자신에 대해 비판적인 사람들에 대해서는 자기도 모르게 거부감을 가진다. '이거 해보니 별 것 아니야' 하는 자만심도 싹트게 된다.

장관 자신이 이 같은 함정에 빠졌다는 사실을 깨닫는 것은 장관 자리에서 물러난 다음이라고 한다. 그때 가서 후회해도 아무 소용이 없다.

비슷한 이야기가 또 있다. 장관이 새로 부임하면 노회한 고위 공무원들은 은근히 두 가지를 요구한다는 것이다.

첫째가 대통령과 독대 기회를 자주 가지라는 요구다. "독대할 만한 거리, 점수 딸 만한 거리는 우리가 만들어 드릴테니 어떻게 하든지 자주 만나십시오. 그래야 장수하십니다"라는 식이다.

둘째는 예산을 많이 따오라는 요구다. 자기 부처, 자기 소관의 예산을 많이 확보하는 게 급선무이고, 이를 위해 장관이 능력을 보여줘야 한다는 말을 마치 장관을 위하는 것처럼 기회만 있으면 반복한다.

장관이 되고 얼마 안 있으면 '부처 장악력이 형편없어서 경질될지 모른다'는 소문이 나돌기도 한다. 이 소문 자체가 공무원들이 하고 다니는 불평, 불만의 다른 표현일 수 있다. 자신들의 이익을 충분히 대변해주지 못한다는 불만, 부처 이기주의를 극대화하지 못한다는 불평으로 봐도 된다.

장관이 자신의 고유 영역을 확보하고 제대로 업무를 수행하기 위해서는 적어도 다음의 세 가지는 갖춰야 한다고 생각한다.

우선 확실한 비전과 계획을 갖고 구체적인 정책을 다루는 관료들이 흔히 갖는 편견과 오류를 극복해야 한다.

둘째는 설득력이다. 자신이 옳다고 믿는 정책을 관철시키기 위해 다른 부처, 국회와 여당, 언론, 관련 단체와 기업, 국민, 임명권자인 대통령까지도 설득해야 할 경우가 있다.

셋째는 리더십이다. 업무를 구체적으로 정확히 파악하고 부하 직원들에게 믿음을 주며 그들의 호응을 끌어내야 장관 노릇을 제대로 할 수 있다.

장관 자리는 정치와 행정이 만나는 곳이다. 장관에 따라서는 기존의 업무를 꼼꼼하게 챙기는 행정가 스타일, 새로운 정책의 도입에 주력하는 정치인 스타일이 있겠다. 무엇보다 부처 운영에 대한 뚜렷한 소신을 갖고 공직사회의 속성을 정확히 꿰뚫어보는 게 장관으로서의 기본이 아닐까 생각한다.

개혁 무풍지대는 없다

'박봉과 인사적체', 그리고 때로는 국민의 오해와 따가운 시선과 '우리가 잘렸으니 공무원도 잘려야 한다'는 식의 '물귀신 논리'를 감내하면서도 묵묵히 일하는 공무원들이 대다수인 것으로 알고 있다.

"옛날 어느 장군이 전쟁터에 나갈 때 가족을 모두 죽이고 참전했다고 합니다. 이는 전쟁이 끝난 뒤 가족들이 비굴하게 죽지 않게 하기 위해서라지요. 이 전쟁은 이미 질 것으로 예상했기 때문이고 또 그렇게 끝이 났습니다.

그런데 이번 IMF 하에서 공무원 수를 줄이는 것이 이기는 전쟁을 위해서라면 좀 문제가 있습니다. 공무원 업무가 필요할 때 뽑아서 며칠만 교육시키면 가능한가요.

몇 퍼센트 정도는 공무원 수를 줄여야 국민이 이해할 것이라는 생각은 정말 위험합니다. IMF라고 해서 자식들에게 밥을 안 먹이겠습니까, 학교를 안 보내겠습니까. 공무원과 그 가족 역시 국민입니다.

장관님이 정말 우리 '아빠'인지 궁금합니다. 자식 다 죽이고 가문이 살면 뭐합니까.

장관님도 언젠가는 그 자리를 물러나실 테고 회의실에 사진도 걸릴 겁니다. 그때 정말 멋진 행자부맨으로 기억되기를 기원합니다."

"박봉과 인사적체, 그리고 때로는 국민의 오해와 따가운 시선과 '우리가 잘렸으니 공무원도 잘려야 한다'는 식의 '물귀신 논리'를 감내하면서도 묵묵히 일하는 공무원들이 대다수인 것으로 알고 있다.

그러나 국민은 99명이 성실하고 단 한 명의 잘못된 공무원이 있을지라도 정부를 비판할 자격이 있는 것이다. 이러한 국민의 비판에 '잘못된 공무원보다 잘하고 있는 공무원이 훨씬 많다'고 항변할 수 있겠는가.

IMF로 시작된 국가 경제난은 공무원들이 생각하는 것보다 훨씬 심각하다. 비록 하룻밤이지만 본인은 역 대합실에서 지새운 적이 있다. 언론에 보도된 실직자들이 정말 얼마나 되는지, 그리고 어떠한 표정을 하고 있는지 알아보기 위하여.

결론은 한마디로 공무원이란 직업을 갖고 있음이 다행이라는 생각을 공무원 생활 8년 만에 처음 했으며, 공직사회도 구조조정에서 예외일 수는 없다고 생각하게 되었다."

공무원 두 사람이 행정자치부 인터넷 홈페이지에 올린 글이다.
이 두 사람이 바라보는 공직사회의 개혁에 대한 시각은 얼마나 다른가. 아직도 많은 수의 공무원들은 전자의 의견에 훨씬 공감하고 있을 것이다.

공직사회가 사회 전반의 개혁 대열에 동참하지 않은 채 구태의연한 모습을 보인다는 비난의 소리가 높다. 새 정부가 출범한 지 반 년이 지나도록 공무원들은 달라진 게 없고 개혁에 탄력이 붙지 않는다고 원성이 자자하다.

책임지느니 일하지 않는다?

아직 본격적인 개혁은 시작도 안 됐는데 벌써 구호만으로 개혁이 상당 부분 이뤄진 것처럼 착각하는 사람들도 많다. 도덕적 해이가 만연해 공공부문의 구조조정 과정에서 인사청탁이 공공연히 들어오고 고위 관료들이 산하단체로 가는 것도 여전하다고 한다.

개혁의 칼바람이 부는데 괜히 일을 벌였다가 잘못돼 책임지기보다는 차라리 일을 하지 않는 게 낫다는 인식이 퍼지고 있다. 복지부동(伏地不動)이 다시 고개를 드는 것이다.

창의적 분위기는 더욱 사그라졌다. 윗사람의 눈치만 살피면서 무엇이든 시킬 때까지 기다린다. 여야 간의 정권교체로 기득권을 잃고 상대적으로 소외됐다고 생각하는 세력의 냉소주의도 무시할 수 없다.

그러나 변해야 한다.

우리는 지금 개혁의 소용돌이 속에 들어가 있다. 문어발 식으로 확장을 거듭하던 대기업, 부실한 경영으로 속 빈 강정이 돼버린 금융권, 노사가 팽팽하게 줄달음치는 산업현장 등 사회 전반에 걸쳐 개혁이 시작됐다.

그중에서도 공직사회의 개혁은 국가위기를 극복하기 위한 첫걸음이다. 사회 전반에 구조조정의 바람이 몰아치는데 공직사회만 무풍지대로 남아 있다는 것은 결코 용납될 수 없는 일이다. 특히 권위주의 정권, 정경유착과 관치금융, 부정부패, 세계화 실패 등이 IMF 관리체제와 국가위기를 불러왔다는 지적에 대해서는 공직사회 전체가 깊이 자성해봐야 할 것이다.

공직사회의 개혁은 공무원 개개인이나 정권의 차원이 아니라 이제 국가의 생존이 달린 문제이다. 기득권을 포기하겠다는 자세로 원점으로부터 시작해 광범위하고 근본적인 개혁을 이뤄내지 않으면 안된다. 또 언제까지나 개혁을 질질 끌면서 시간만 보낼 수도 없다.

민간부문의 구조조정을 채찍질하기에 앞서 공공부문의 근본적인 개혁이 없으면 효과적인 체질개선이나 대외 신인도의 개선은 기대하기 어렵다는 게 전문가들의 한결같은 지적이다. 그러므로 공무원들도 정부개혁을 '정권 바뀔 때마다 치러야 하는 통과의례겠지', '시간이 지나면 대통령도, 장관도 지치겠지' 하는 식의 안일한 생각을 버리고 개혁의 주체로 앞장서야 한다.

되는 것도, 안 되는 것도 없는 조직

나는 행정자치부 장관이 된 이후 지난 6개월 동안 18%의 본부 인력을 감축했다. 자신의 능력이나 의지와 상관없이 보직을 받지 못한 채 실업의 위기에 직면한 직원이 100여 명이 훨씬 넘는다. 본부의 현재 인원이 800여 명인 것에 비해 보면 결코 적지 않은 숫자다.

또 지방자치단체에서는 2002년까지 정원의 30%를 줄이도록 했다. 공무원들의 원성과 항의가 빗발친다. 실제 가슴 아픈 사연들도 많았다.

직원들 사이에서는 "다른 부처는 가만히 있는데 왜 우리만 이렇게 고통을 당해야 하느냐"는 불평이 터져나오고 있다. 그러나 정부 조직과 인사관리를 맡고 있는 주무부처가 먼저 모범을 보여야 한다는 게 나의 생각이다.

민간 부문에서는 기업의 잇따른 도산과 은행의 퇴출 등으로 실업자가 계속 늘어나고 있다. 그런데도 공무원들은 상대적으로 개혁에서 한 발 비켜나 있다는 여론의 따가운 질책을 받아왔다. 국민정서를 감안할 때 구조조정에 가장 앞장서야 할 공직사회가 자신의 기득권을 지키려는 듯 비치는 것은 정말 온당치 못하다.

공직사회의 개혁에는 엄청난 저항이 따르기 때문에 정말 강력한 의지와 명분을 가지고 추진하지 않으면 성공할 수 없다. 처음 장관이 되고 나서는 '되는 것도, 안 되는 것도 없는 조직이 공무원 사회'란 느낌이 강하게 들었다.

그러나 점차 시간이 지나면서 어느 조직보다 유능하고 잘 훈련되고 위계질서가 강한 조직인 만큼, 대통령과 장관이 소신을 갖고 끈질기게 개혁을 추진하면 성공할 수 있다는 확신을 갖게 됐다.

정부개혁의 속도에 불만을 가진 이들은 외부에서 전문가를 투입하고 시민단체에 감시 권한을 주는 등 압력을 가하자고 주장한다. 그러나 타의에 의해 변하기보다는 우리 공무원들이 스스로 변하라고 간절히 호소하고 싶다.

'못된 시어머니'로 인식된 공무원의 현주소

병을 고치려면 우선 아픈 부위를 찾아내고 왜 아픈지 원인을 밝혀야 하듯이 개혁의 첫 발걸음은 우리 자신의 정확한 평가에서 시작된다.

병을 고치려면 우선 아픈 부위를 찾아내고 왜 아픈지 원인을 밝혀야 하듯이 개혁의 첫 발걸음은 우리 자신의 정확한 평가에서 시작된다.

과연 '한강의 기적'을 낳고 국가의 근대화를 이끌었던 원동력에서, 기업의 발목을 잡고 국민에게 불신을 받는 집단으로 전락한 우리 공직사회의 현재 모습은 어떤 것인가.

세계적 평가기관인 스위스 국제경영개발연구원(IMD)은 매년 40여 개 주요 국가를 대상으로 정부, 금융, 국제화 등 8개 부문에 걸쳐 국가 경쟁력을 조사해 발표한다.

그런데 1998년 46개국을 대상으로 평가한 결과 우리 정부의 경쟁력은 1995년 18위에서 34위로 크게 떨어졌다. 1997년 계속된 경제정책의 실패로 인해 외환위기를 겪으면서 IMF 구제금융을 받았기 때문이다.

문민정부가 역점 시책으로 추진했던 국제화도 1995년 41위에서 1998년 46위로 떨어져 꼴찌를 차지했고, 금융 부문도 1995년 37위에서 1998년에는 45위로 밀려나 취약성을 드러냈다. 종합순위 역시 26위에서 35위로 9계단이나 물러섰다.

국제통화기금IMF이 우리를 보는 눈도 결코 곱지 않다. IMF 경제연구원은 최근 한국의 부패 순위를 세계 54개 조사 대상국 가운데 22위로 매겼다고 한다. 우리는 투명도도 10점 만점에 4.29점을 얻어 말레이시아(5.01점), 남아프리카공화국(4.95), 요르단(4.29)보다도 부패가 심한 것으로 나타났다.

이 조사는 캐나다, 스위스 등이 가장 부패하지 않은 나라로 나타났다고 전하면서 부패척결에 영향을 미치는 요인으로 민주주의의 발전, 언론의 자유, 경제의 세계화, 비정부기구의 활성화 등을 꼽았다.

IMF는 또 "뇌물수수만이 부정부패의 전부는 아니다"라면서 "어느 나라의 대통령이 고향의 한적한 시골마을에 공항을 건설했다면, 이는 비록 뇌물과는 직접적으로 관계가 없더라도 그 나라의 부패정도를 반영하는 요소"라고 지적했다.

서비스 점수는 바닥인 '실세' 기관들

최근 독일의 국제 투명성 기구(TI)가 발표한 전 세계 85개국을 대상으로 한 국가별 부패지수조사에서도 한국의 부패지수는 10점 만점에 4.2점으로 96년 27위, 97년 34위에서 98년에는 43위로 속락한 것으로 나타났다.

우리 스스로 실시한 정부서비스 조사에서도 낙제점을 면치 못했다. 1997년 국무총리실과 한국행정연구원 주관으로 37개 중앙행정기관(22개 부처, 15개 외청)에 대한 민원인 만족도 설문조사를 실시한 적이 있다.

조사 결과 중앙행정기관의 평균 서비스 점수는 100점 만점에서 50.4점을 받는 데 그쳤다. 1위는 68.2점으로 기상청이 차지했으며 이어 문화체육부(63.3점), 공정거래위원회(61점), 농촌진흥청(60.4점), 조달청(59.7점) 순이었다.

꼴찌는 평균점수의 절반에 불과한 25.5점을 받은 검찰청이었고 법무부(40.7점)와 경찰청(41.1점)도 꼴찌에서 두번째, 세번째였다. 구 내무부도 42.3점으로 정보통신부(41.6점)에 이어 뒤에서 5위를 차지했다.

이 조사를 보면 외청에 비해 상대적으로 힘이 있는 중앙부처, 그 중에서도 소위 '실세' 기관의 서비스가 하위권에 머무르고 있다. 구 내무부의 경우 사정 및 치안기관 다음으로 낮은 점수를 받아서 국민과 지방자치단체들에게 그동안 사사건건 '못된 시어머니'로 인식돼 왔다는 지적을 면하기 어렵다.

우리나라 행정과 공무원에 대한 외국기업의 평가 또한 가혹하기 짝이 없다. 최근 대한상공회의소가 국내에서 활동하는 102개 외국기업을 대상으로 설문조사를 한 결과 41.9%가 '정책에 일관성이 없다'고 했으며 26.7%는 부처 간의 의견 불일치를 지적했다. 행정 서비스 만족도에서도 83.7%가 불만족스럽다고 했다.

"6개월이 멀다 하고 당국자가 바뀌는 나라에 뭘 믿고 투자합니까? 사업의 생명은 타이밍인데, 한국정부는 부처들끼리 옥신각신 싸움만 계속하는 바람에 어쩔 수 없이 말레이시아행으로 결정했습니다."

28억 달러 규모의 한국 투자를 최근 2년 가까이 추진하다가 결국 포기 결정을 내린 다우코닝사의 항변이다.

우리 정부에 대한 평가가 왜 이렇게 형편없을까. 예전에는 외국의 관리들이 한국을 찾았을 때 '어떻게 이 나라가 잿더미에서 여기까지 올 수 있었는지, 밤늦도록 불을 밝힌 정부청사의 모습에서 그 해답을 찾는다'고 했다.

우리 정부는 70년대 말까지 관의 주도 아래 인력과 자원을 총동원한 고도의 효율적인 발전 모델로 경제와 안보라는 두 마리 토끼를 잡을 수 있었다. 전쟁으로 황폐해진 나라에서 20년 만에 자동차와 배, 항공기 부품까지 만든다는 것은 말 그대로 기적이었다.

그러나 80년대로 넘어오면서 상황이 크게 달라졌다. 산업화가 본궤도에 오르고 민간부문이 성숙하면서 기업들의 독자적인 결정이 가능했고, 전체 국민의 교육수준과 정부에 대한 기대치도 높아졌다. 또 민주화 의식이 싹트면서 관료집단이 독재권력을 뒷받침했다는 비판도 제기됐다.

정부는 이때부터 민주 행정, 열린 행정을 추구하면서 주도자의 역할을 버리고 조정자의 역할로 탈바꿈했어야 했다. 노사갈등, 빈부갈등, 지역갈등을 풀기 위해 노력하면서 시민사회가 형성되고 제대로 활동할 수 있도록 도와줘야 했다. 그리고 국가 전체의 국제화 프로그램이 필요했다.

그러나 관료들은 이 부분을 게을리했으며, 역할 변화를 받아들이는 대신 권한을 잃어버리는 데 두려움을 갖고 집착했다. 행정환경의 변화에 능동적으로 대처하지 못한 채 시기를 놓치고 만 것이다.

사회체제의 본질이 변하는데도 관료들은 권력과 영향력, 정보를 독점하려고 했으며 사회의 다양성을 제대로 수용하지 못했다. 문민정부 말기에 경제 전문가들의 외환위기 경고를 무시한 채 보고서조차 올리지 말라고 했던 일은 이 같은 관료주의를 극명하게 드러낸 사례다.

투명해야 건강하다

한마디로 정부의 추락 원인은 주변 여건의 변화에 아랑곳없이 성장 위주의 중앙집권적인 행정행태만을 고집해온 데 있다. 그러다 보니 행정 서비스가 주인이자 고객인 국민보다는 기관의 편의주의에 의해 낮은 수준에서 운영됐고, 누더기식 규제만 남발해서 각종 정부 규제가 불필요하게 많아진 것이다.

공무원의 행정편의주의, 관의 독선은 전통적인 관료조직에 깊이 박혀 있는 병리현상의 일종이라고 할 수 있다. 이러한 고질병을 고치려면 그때그때 소극적인 대증요법으로 대처해서는 효과를 거두기 어렵다. 과감한 구조조정, 제도개혁이 이뤄져야 한다.

내가 85년 12대 초선 국회의원 자격으로 인도네시아에 처음 갔을 때 그 나라의 극심한 부정부패의 현장을 목격했다. 국회의원인 우리

일행에게는 해당사항이 없었지만 일반 관광객들은 공항에서 짐짝 하나 찾을 때마다 뇌물을 줘야 했다.

오늘날 인도네시아는 어떤 상태인가. 수십년 간 집권했던 수하르 토 전 대통령이 결국 피플파워에 밀려 쓰러지지 않았는가. 그의 일 가가 지분을 소유한 기업이 1,000개가 넘고 자녀, 손자, 친인척까지 합친 재산은 IMF가 인도네시아에 지원한 4백30억 달러와 거의 맞먹 는 4백억 달러 수준은 될 것으로 추정되고 있다. 사회주의 체제가 남 아 있는 중국도 사정은 비슷하다. 공직사회의 투명도는 그 사회의 건강과 발전 가능성을 반영하는 바로미터인 것이다.

학자들은 '좋은 정부'의 특성으로 공공관리 분야에서의 효율성 과 적절히 책정된 예산, 정확한 회계 및 보고체계를 통한 효과적인 인적·물적 자원의 관리, 관료들의 행위에 대한 책임성, 지탱 가능한 성장을 위한 규칙, 독립된 사법기관에 의한 갈등 해결, 불필요한 규 칙의 파기, 창의적이고 적극적인 조직 구성원, 사회 변동의 유도 및 촉진, 부패를 방지하는 투명성, 정책분석과 토론을 위한 정보의 공개 적 이용 가능성 등을 든다.

그러나 지금까지의 우리 정부는 좋은 정부와는 아직 거리가 많이 있다. 우리 공직사회의 고비용 저효율 구조와 이로 인한 낙후된 정 부 경쟁력의 실상이 이처럼 명확히 드러난 마당에 개혁과 구조조정 이라는 치료를 더 이상 미룰 수 없는 것이다.

대민기관의 한심한
서비스

나는 지난 1998년 4월 7일 행정자치부 인터넷 홈페이지()에 '장관과의 대화방'을 개설했다. 공무원과 국민이 나에게 직접 전하고 싶은 현장의 민원이나 행정자치부에 대한 정책 건의, 개선사항 등을 마음껏 털어놓을 수 있는 '만남'의 장이 되길 바래서이다.

나는 지난 1998년 4월 7일 행정자치부 인터넷 홈페이지에 '장관과의 대화방'을 개설했다.

공무원과 국민이 나에게 직접 전하고 싶은 현장의 민원이나 행정자치부에 대한 정책 건의, 개선사항 등을 마음껏 털어놓을 수 있는 '만남'의 장이 되길 바래서이다.

이곳에 올리는 글은 나와 글을 쓴 사람밖에 볼 수 없다. 그래서인지 많은 분들이 다양하고 솔직한 의견을 보내왔다. 주부, 직장인, 공무원, 학생, 연구원, 교수 등 다양한 계층의 국민들이 직접 부딪히는 생생한 행정 현장, 장관을 접할 기회가 없는 많은 공무원들의 구조조정과 개혁추진에 대한 의견에서부터 개인적인 고충에 이르기까지 다양한 목소리가 날마다 봇물처럼 이어진다. 바쁜 일정 중에도 거의 매일 국민과 공무원들이 허심탄회하게 털어놓는 고충과 제안을 직접 챙겨 개혁 프로그램과 정책 아이디어에 적극 반영하고 있다.

하지만 국민의 정부가 개혁의 기치를 든 지 6개월이 지나고 있지만, 변화의 바람에 아랑곳하지 않은 채 여전히 국민 위에 군림하려는 일선 행정기관이나 경찰에 대한 비판의 목소리를 접할 때면 '과연 이래도 되는 건가', '여전히 공직사회는 변한 것이 없단 말인가' 하는 안타까운 마음이 들기도 한다.

많은 국민들이 여전히 달라지지 않고 있는 이들의 구태를 나에게 직접 호소해왔다.

"유흥주점을 하기 위해 관할 구청에 영업허가서를 제출했으나 관계 공무원이 법률을 지나치게 확대 해석, 고의로 시간을 끌면서 노골적으로 골탕을 먹이기 시작해 3일의 처리 기간을 훨씬 넘겨 11일이 지나도록 허가가 나오지 않고 있습니다.

처음에는 노래방 스타일의 건전하고 값싼 주점임을 강조하기 위해 간판을 '파크노래방플러스 주점'이라고 했습니다. 그런데 인허가 신청을 낸 지 5일 뒤 현장에 나온 공무원은 노래방이면 노래연습장과 혼동할 우려가 있다고 했습니다. 그래서 '방' 자를 '왕' 자로 고쳐 '파크노래왕 플러스 주점'이라고 수정하고 그날 저녁 담당 공무원에게 내용을 알려준 뒤 간판업자를 불러 고쳤습니다.

그런데 다음날에는 영업장 내부의 안내문 형식의 벽보 글씨까지 완벽하게 고치라고 해서 또다시 수리를 끝냈습니다. 또 다음날, 이번에는 '노래'라는 문구를 아예 없애지 않으면 안된다는 것이었습니다. 비슷한 이름으로 영업중인 다른 영업장의 예를 들면서 강력하게 항의하자, 그 공무원은 '그것은 내가 내준 허가가 아닙니다. 다른 업주와 비교하지 마십시오' 라며 본인만 특별히 제한한다는 것을 강조했습니다.

그 후에도 액화석유가스(LPG) 사용승락필 및 보험가입을 해라, 천장의 구멍을 막아라, 노래곡목 벽보를 제거하라, 건물 지하계단에는 유흥주점 외의 주 출입통로 사용을 금지하라는 등 온갖 조건을 내걸었습니다.

IMF시대를 사는 영세 상인은 상인이 된 자체만으로도 죄인이 아닐 수 없습니다. 결국 그 공무원의 고집을 꺾을 수 없어 모든 것을 하라는 대로 했으며 수십만 원을 들인 간판은 걸레쪼가리가 됐고 부수비용도 적잖이 들었습니다." (성남시 L씨)

"며칠 전에 자동차 명의 변경을 하였습니다. 하기 전에 먼저 무슨 서류가 필요한지를 자동차 등록사업소에 문의하였는데 너무나 성의 없는 대화를 하여 몇 차례 전화를 해야만 했고, 그것도 나중에 등록사업소에서 필요한 서류가 빠졌다고 하여 발걸음을 돌려야 할 정도였습니다.

또한 가장 중요한 '돈이 얼마가 필요하다' 는 말도 해주지 않았습니다. 적지 않은 돈이 들기 때문에 반드시 사전에 알려주어야 했습니다.

어렵게 서류들을 준비하여 등록사업소에 갔는데, 담당직원이 대충 쳐다보더니 몇 번 창구에 가서 무슨 내용을 확인하고 오라는 겁니다. 그래서 바로 옆에 창구를 갔더니 컴퓨터를 두드려보고 '별

게 없네요' 하면서 도장을 찍더니, 다시 원래 창구로 가라는 겁니다.

그 컴퓨터 단말기를 처음 접수창구 직원 책상에 갖다놓으면 될 것을 민원인에게 왔다갔다하라는 것은 잘못됐다고 봅니다. 그래서 다시 원래 창구로 가니 이번에는 번호판을 떼어 오라는 겁니다. 그런데 번호판이라는 것이 잘 떨어지지가 않더라구요. 그리고 나사가 휘어져서 다치는 사람들이 많이 있을 것 같았습니다. 어쨌든 비가 무지무지 내리는 가운데 땀을 뻘뻘 흘리며 번호판을 떼어 갖다 드렸습니다.

그랬더니 이번에는 어디 가서 돈을 내고 오라는 겁니다. 그래서 다시 돈 내는 창구로 가니 얼마를 내라고 하는데 제법 많은 돈이었습니다. 사전에 충분한 돈을 준비하지 못한 사람은 차 번호판을 떼어놓고 다시 돈을 구하러 여기저기 다녀야 하는 사정이 생길 수가 있을 것 같았습니다. 어쨌든 저는 돈을 냈습니다.

돈을 내고는 다 끝났나 싶었더니 이번에는 옆 창구에서 채권을 사라는 겁니다. 다시 옆 창구로 가서 채권을 사니 영수증을 갖고 처음 창구로 가라는 겁니다. 그래서 처음 창구에 가니 돈을 얼마 내고 하더니 어디 가서 번호판을 받아가라는 겁니다. 그래서 거기 가니 다시 또 돈을 얼마 내세요 하고 번호판을 주면서 어디 가서 번호판을 다세요라는 것입니다.

자동차 명의를 변경하는 것이 이렇게 어려워서야 되겠습니까. 명의를 바꾸어 주는 것이 국가의 무슨 시혜인 것처럼 느껴져 뭔가 잘못되었다는 생각이 듭니다.

명의를 바꾸려는 의뢰인이 오면 필요한 돈을 받은 뒤 담당직원이 '자, 따라오세요' 라고 해서 자동차 번호판을 떼고 새로운 번호판을 달아주면 얼마나 좋겠습니까."(경남 창원시 J씨)

"저는 쓰레기 종량제 실시 후에 국민의 한 사람으로서 환경보호와 쓰레기 처리비용 절감을 위한 정부시책에 동참하고자 개인이 할 수 있는 규격봉투 사용을 한 번도 어겨본 적이 없습니다. 저의 집은 작은 식당을 하고 있기 때문에 김치를 자주 담그는 편입니다.

하루는 아침에 김치를 담그고 남은 찌꺼기를 버리려고 규격봉투를 사러 갔습니다. 그 사이 쓰레기 단속 구청 직원이 사진을 찍으면서 과태료를 부과하는 것이었습니다. 그래서 상황을 설명하려고 하니까 제 이야기는 들어보려고 하지도 않고 고압적인 자세로 큰소리를 치며, 과태료 부과 딱지를 몇 발자국 앞에서 받아가라는 겁니다.

제가 보기에는 제 자식 나이밖에는 안 되어 보이는 젊은 사람이 마치 죄인을 다루듯이 이리 와서 받아가라니요. 정말 어처구니가 없어 좀 따졌지요. 그리고 사정도 하구요. 그러니까 한다는 소리가 글쎄 과태료를 언제까지 안 내면 1백만 원을 부과해서 집에 딱지를 붙이겠다고 거의 협박적인 어투로 이야기를 하더군요. 정말 구민을 위한 구청인지, 아니면 벌금을 부과하기 위한 감시단체인지 알 수가 없었습니다."(서울의 주부 P씨)

"지역 민방위의 경우 비상소집 현장에 가보면 그야말로 코미디 같은 일이 벌어집니다. 민방위대원 대신 아버지, 조카, 동생, 심지

변하지 않으면 같이 죽는다

어 어머니, 할머니조차 모자를 눌러쓴 채 대리 참석하는 일이 많습니다.

또 통장과 친밀한 사람은 아예 참석조차 안 한 채 참석증을 통장에게 주고 심지어 아는 사람의 참석증까지 모아주면서 통장과 아는 일이 무슨 큰 권력이나 되는 것처럼 자랑하기까지 합니다. 의사, 변호사, 세무사, 회계사 등의 고소득자는 하루 몇십만 원의 일당을 주고 대리인을 구하거나 통장에게 돈을 주고 빠지기도 합니다.

만약 전쟁이 일어나서 비상소집을 한다면 나이가 40~50씩 되는 민방위대원들이 과연 가족을 외면하고 순수한 애국심만으로 비상소집에 응하겠습니까. 관련 공무원의 자리 지킴이나 안보논리로 민방위제도를 개선하지 말고 상황 변화에 맞춰 근본적인 제도개혁이 필요할 것으로 봅니다."(서울 용산구 H씨)

크게 아프면 크게 낫는다

물론 위에서 지적한 각 사안들에는 행정관서에서 그렇게 할 수밖에 없었던 법규상, 절차상의 사유가 있었을 것이다. 나는 그러한 사유들을 무시하고자 하는 것이 아니다.

그러나 이러한 민원이 발생한 데는 분명 문제가 있는 것이다. 담당 공무원이 자기가 담당하는 일을 국민의 입장에서 자기 일처럼 처리하려고 생각했다면 이같은 민원은 절대로 일어날 수 없다고 생각한다.

앞으로 민원업무를 맡고 있는 지방 공무원들의 역할은 더욱 커질 것이다. 주민들의 불편과 불만과 불안을 해소하는 데 더 많은 시간과 정성을 쏟아야 할 것이다.

'병은 드러내놓고 자랑해야 빨리 낫고, 크게 아프면 크게 낫는다'고 했다.

그동안 '장관과의 대화방'에서 얻은 경험을 좀더 확산시키기 위해 행자부 홈페이지에 '공직부조리 신고방'을 지난 9월 12일 개설했다.

이곳은 행자부와 일선 지방자치단체 소속 공무원 그리고 경찰관의 직무와 관련한 비리 및 부조리를 직접 신고받는 곳이다. 신고자는 반드시 실명으로 올리도록 했고 장관만이 볼 수 있도록 했다.

'무사안일하고 부정부패한 공무원은 공직사회에 더 이상 발붙일수 없다'는 상징적 코너로 생각해 주었으면 좋겠다.

공무원 조직의 최고 결재권자는 국민이라는 생각과 행동이 정착되고 우리 공무원들이 선진국 공무원들이나 세계적인 우량기업과 비교해 결코 뒤지지 않을 정도로 친절하고 청렴하고 경쟁력을 갖춘 조직으로 거듭날 때까지 '장관과의 대화방', '공직부조리 신고방'은 계속될 것이다.

도를 넘은 경찰의
기강 해이

경찰공무원은 국민의 자유와 권리의 보호 및 사회공공의 질서유지를 기본 임무로 하기 때문에 그 직무상 특별한 권한을 부여받는다. 그러나 이러한 권한이 남용될 경우 국민의 권익을 침해하여 중대한 결과를 유발하게 된다.

'경찰 공무원 복무규정' 에는 다음과 같은 조항이 있다.

> "경찰 공무원은 법령을 준수하고, 직무상의 명령에 복종하여야 하며, 상사에 대한 존경과 부하에 대한 신의로써 규율을 지켜야 한다. 법의 집행자이자 법과 질서의 수호를 그 본분으로 하므로, 법령이 규정하는 바를 벗어난 월권 행위는 어떤 경우에도 허용되지 않는다."

경찰 공무원은 국민의 자유와 권리의 보호 및 사회공공의 질서유지를 기본 임무로 하기 때문에 그 직무상 특별한 권한을 부여받는다. 그러나 이러한 권한이 남용될 경우 국민의 권익을 침해하여 중대한 결과를 유발하게 된다.

교통법규의 단속권자이면서 스스로 법규를 어기는 모습, 위압적이고 불친절한 단속 현장을 고발하고 시정을 촉구하는 글들이 '장관과의 대화방'에 올라왔다.

회사원 N씨는 경찰간부의 승용차가 출근시간에 버스전용 차선으로 달리는 것을 보고 즉시 호된 질책의 글을 올렸다.

"저는 아침에 버스를 타고 출근합니다. 양화대교 버스전용 진입로에 앉아 창 밖을 내다보는데 어떤 까만 승용차가 보이더군요. 안테나도 많이 달려 있고 해서 높으신 분인가 생각했지요. 아니나 다를까 경찰이더군요. 뒷좌석에 앉아 신문을 읽고 있고, 앞에 보좌관 같은 사람이 무전기를 들고 있는 것으로 보아 높은 분으로 생각되었습니다. 설마 버스만 진입할 수 있는 곳으로는 오지 않겠지, 법을 지키는 경찰인데, 운전하는 부하가 그렇게 하려 하더라도 나무라고 다른 길로 가겠지 하고 생각했습니다.

그런데 이게 웬일입니까. 역시 법을 어기고 진입하더군요. 아마도 버스전용차선도 무시하지 않았을까 생각됩니다. 법을 지키고 집행해야 할 경찰이, 그것도 그렇게 높은 지위에 있는 사람이 서민들은 당연히 갈 수 없도록 되어 있는 길로 가다니. 참으로 이 나라의 국민임이 부끄럽더군요. 경찰에 있다고 해서 법을 어겨도 되고, 높은 지위에 있어서 법을 어겨도 된다는 의식은 이미 낡은 후진국의 의식이 아닌가요. 경찰들에게 올바른 행동을 촉구하길 바랍니다."

교통법규를 어기는 경찰간부에게 스티커를

참으로 따끔한 지적이었다. 마침 그날 오전 10시 장관실에서 전국 지방경찰청 교통과장 회의를 하기로 예정돼 있었다. 나는 이 사례를 공개하고 교통법규를 집행하는 경찰이, 특히 모범을 보여야 할 경찰간부가 교통법규를 어겨서야 되겠느냐고 질책했다.

나중에 사실을 확인해보니 서울경찰청 소속 간부가 그날 오전 11시, 내가 참석하기로 돼 있던 기동진압시범훈련에 늦지 않기 위해 양화대교가 막히자 버스전용차로로 진입한 것이었다. 운전자에게는 교통위반 스티커를 발부하고 해당 간부에게도 경고 조치를 내렸다. 또한 경찰 차량의 교통법규 준수를 전국 경찰청에 하달하였음은 물론이다.

대전의 한 연구원에 근무하는 모 연구원도 단속 경찰의 문제점을 제기했다.

"충북도내 중부고속도로에서 충북경찰청 소속 순찰차가 나의 승용차를 가로막았습니다. 한 경찰관이 속도위반이라고 해서 나는 절대 속도위반을 하지 않았다고 차를 주먹으로 치며 화를 냈습니다. 실제로 제한속도인 시속 110킬로미터를 지켰기 때문입니다. 내가 '측정 속도를 제시하면 승복하겠다'고 말하자 그 사람은 다른 경찰관과 의논한 뒤 '측정한 걸 보여줄 수 없다. 하여튼 규정속도를 초과했다'며 막무가내로 굴었습니다. 나는 '내가 규정속도를 초과하지 않았으니 제시하지 못하는 것 아니냐'며 '초등학교 다니는 아이 두 명과 아버지까지 태우고 속도를 위반하겠습니까. 설사 초과했더라도 순간적인 가속도로 5킬로미터 정도 오버했을까요' 라고 말했습니다.

그러자 두 경찰관은 '아, 5킬로미터를 초과했다고요' 라며 스티커에 115킬로미터라고 적었습니다. 운전자가 도저히 납득할 수 없는 스티커를 발부받았을 때 '힘 없는 소시민은 이래저래 고생이구나' 라는 생각뿐이었습니다. 더군다나 면허증을 제시하지 않는다고 일방적으로 면허증 제시 불응으로 고발하겠다는 엄포와 천천히 속도를 지키며 왔다는 저의 주장에 '고속도로는 빨리 달리라고 만들었는데 빨리 가셔야죠' 라는 비아냥거리는 말을 들었을 때는 정말 우리나라 경찰에 대한 믿음이 일순간 허물어지는 느낌이었습니다."

사실을 확인한 결과 단속 과정에서 명확한 근거를 제시하지 않고 5킬로미터 초과했을지 모른다는 근거로 스티커를 발부했음이 드러났다. 실제 속도측정기에는 120킬로미터로 나타났으나 측정기 계기를 정지시키지 못해 운전자에게 보여주지 못했다는 것이다. 더구나 불필요한 언동 등 불친절한 행위를 한 것이 인정돼 계고 조치 후 특별교양교육을 받도록 했으며 다시 이런 일이 있으면 직위해제할 것을 엄중 경고했다.

그물 치고 기다리는 안일한 단속에서 벗어나야

대구에 사는 한 시민도 동대구 인터체인지 직전에서 도로폭이 좁아 차를 세우는 것이 불편하고 위험한데도 과속단속을 하는 경찰의 태도를 문제 삼으며 '장관과의 대화방'을 노크했다.

그는 "경찰들이 운전자들에게 과속하지 않도록 경고하기보다는 숨어 있다가 과속차를 단속하고 단속된 차에게 돈을 요구하는 경우가 이제 없어졌으면 한다"고 말했다.

대다수 선량한 경찰관들의 노고와 봉사정신에도 불구하고, 아직도 국민을 괴롭히며 직, 간접적으로 돈을 요구하는 일부 몰염치한 경찰관들이 사라지지 않고 있다. 앞으로 비리를 저지르거나 무사안일하고 무능력한 경찰은 숫자가 아무리 많더라도 과감하게 퇴출시킬 계획이다. 또한 부도덕한 공무원을 우리 사회에서 영원히 추방하기 위해서는 대화방에 글을 올린 국민들처럼 깨어 있는 자세로 끊임없이 감시하고 독려하는 권리의식이 필요하다고 본다. 독일과 같은 유럽 선진국에서는 시민들의 적극적인 고발과 감시체계가 경찰 공무원뿐 아니라 사회 전반의 부정부패, 불법을 정화하고 정의를 구현하는 파수꾼 역할을 한다.

미국 경찰은 '법의 화신'이라 불리고, 영국은 '절대로 총을 쏘지 않는 멋있는 시민의 친구'로 자리 잡고 있으며, 이웃 일본 경찰도 '친절한 도덕교사'라는 애칭을 갖고 있다.

우리 경찰도 종래의 딱딱하고 권위적인 경찰상에서 국민이 신뢰하고 공감할 수 있는 친절하고 서비스 정신이 투철한 '이웃집 아저씨 같은 경찰'로 거듭나도록 많은 노력을 기울여야겠다.

정회장과 만주 개장사

국민은 주인인 동시에 고객이다. 또 공무원은 국민이 주는 월급 받고 일하는 국민의 고용인이다. 주인이 주인 대접받고 고용인은 고용된 자의 위치로 되돌아가자는 것이다.

행정자치부의 한 젊은 사무관이 나에게 이렇게 물은 적이 있다. "대통령부터 장관까지 '공직사회를 개혁하자'고 하는데 도대체 공직사회의 개혁이란 게 무엇입니까?"

나는 그의 질문에 대해 다음과 같이 설명해줬다.

"공무원의 잘못된 의식을 바꾸자는 것이다. 공직자들이 권위주의 의식을 버리지 못하고 국민 위에 군림하려는 것, 이것이 가장 먼저 개혁될 대상이다. '내가 좋은 대학 나오고 어려운 행정고시 합격해서 중앙부처의 사무관인데…' 하는 의식이 큰 문제다. 민원인들이 찾아와 업무를 부탁하면 목에 힘부터 주는 대신 '어떻게 도와드릴까요?' 하고 친절히 묻는 위민(爲民)의 자세가 필요하다.

국민은 주인인 동시에 고객이다. 또 공무원은 국민이 주는 월급 받고 일하는 국민의 고용인이다. 주인이 주인 대접받고 고용인은 고용된 자의 위치로 되돌아가자는 것이다.

또 국민이 필요로 하는 서비스를 제대로 하자는 것이다.

민원인이 서류 한 장 들고 오면 몇 번씩 고쳐오라고 괴롭히는 것이 아니라 '이렇게 하면 된다'고 친절하게 가르쳐주는 것이 개혁이다.

국민이 필요로 하는 정보를 언제, 어디서든지 쉽게 제공해주고 인허가 업무도 한 번에 처리해서 불편이 없도록 해야 한다. 행정 서비스를 더 값싸고, 더 빠르고, 더 질 좋게, 그리고 더 스마트하게 제공하자는 것이다.

그리고 좋은 정책을 만들자는 것이다. 잘못된 정책이 주는 폐해는 실로 엄청나다. 그러므로 행정이 갖는 본질적인 의미에서는 이것이 가장 중요한 부분이다.

특히 각종 정책을 만드는 중앙부처 공무원들은 장기적인 안목으로, 국가의 백년대계를 마련하겠다는 자세로 일하지 않으면 안된다.

이와 함께 비용은 많이 들어가면서도 능률이 크게 떨어지는 것을 비용은 적게 들이고 능률은 높이도록 효율적으로 고쳐보자는 것이다.

일선 행정기관에 나가보면 할 일이 없어 보이는 공무원들이 참 많다. 한 사람이 한나절이면 처리할 수 있는 업무를 놓고 서너 명씩 앉아 있고, 그 위에 계장, 과장이 또 앉아 있다. 할 일이 없으니 아침에 출근해서 신문이나 읽고 점심 때 뭘 먹을지 궁리하다가 오후가 되면 삼삼오오 모여서 상사를 험담하거나 퇴근 후에 뭘 할까 궁리하면서 시간을 허비한다. 이 같은 행태를 뜯어고치고 고효율로 바꾸자는 것이다.

이러한 것을 현재 상태에서 스스로 하지 않으니까 제도적으로 하자는 것이다. 목표관리제, 점수제, 급여나 인사에서의 인센티브제, 연봉제 등을 새로 도입하는 목적이 바로 그것이다.

장관인 나도 평가를 받고 있다. 점수 매기겠다고 하니까 나부터 더욱 열심히 해야겠다는 마음이 생긴다. 공무원들도 공정한 룰에 의해 점수를 매기고 그것을 봉급이나 인사에 반영하면 더욱 잘 하려고 노력하게 될 것이다. 일정 부분 강제성을 두고 제도를 정착시켜 공무원들의 의식을 바꾸고 경쟁력을 높이자는 것이 우리가 하려는 개혁이다."

발상을 전환하라

공직사회 개혁의 방향은 한마디로 '경쟁력 있는 정부(competi-tive government)'를 만들어 가는 것이다. 21세기 세계화, 지식정보화 시대에 맞도록 정부의 역할을 다시 자리매김하고 과도한 규제를 없애 민간의 자율에 맡겨야 한다.

또 불필요한 조직과 인력을 과감하게 줄여 정부조직 자체가 주요 선진국의 공무원이나 세계적인 초우량 기업과도 경쟁할 수 있는 효율성을 가진 집단으로 탈바꿈해야 한다.

공직사회는 앞으로 커다란 질적 변화를 겪게 된다. 공무원도 더 이상 평생 신분이 보장되는 직업이 아니다. 개혁이 진행되고 민간기업과 같은 경쟁원리가 도입되면 무능하고 불성실한 공무원은 도태되는 대신 박봉에도 열심히 일해 온 성실한 공직자들에게는 정당한 대가가 주어져 신바람 나는 분위기가 만들어지게 된다. 또 그렇게 되면 누구나 자기계발을 위해 노력하고 최대한 창의성을 발휘할 것으로 믿는다.

개혁을 성공적으로 이끌기 위해서는 발상의 전환이 무엇보다 중요하다. '아무리 해도 안 된다', '그런 일은 불가능하다'는 소극적인 생각을 버리고 '할 수 있다', '반드시 해야 한다'는 확신과 신념을 가져야 한다.

우리 헌정사에서 여야 간 정권교체 자체가 국민적 발상의 전환이었다고 생각한다. 그동안 여야 간 정권교체는 누구도 기대하기 어려운 일이었다. 그러나 국민들은 IMF라는 경제위기 속에서 새 정부에 국난극복의 과제를 맡기는 결단을 내렸다.

현대그룹 정주영 명예회장은 팔순이 넘은 나이에 소 떼를 몰고 방북했다. 나는 이 사건이 남북교류의 진전이란 차원을 넘어서 '잃어버린 대륙기질'을 부활하는 계기가 되었으면 한다.

우리 민족이 남북으로 분단되기 전까지 '내가 만주에서 개장사할 적에…'란 농담이 무척 자연스러웠다. 그러나 분단이 반세기 가까이 계속되고 북으로 향한 육로와 해로가 모두 막히면서, 우리나라는 말이 대륙과 맞닿은 반도국가이지 실제로는 섬나라처럼 고립됐다. 말을 타고 만주대륙을 달리던 고구려인의 기상을 잃어버렸고 국제화와 세계화의 보이지 않는 장벽이 되었던 것이다. 이러한 장벽이 알게 모르게 외국인과의 교류나 외자유치를 기피하는 성향으로 나타났다고 볼 수 있다.

정회장의 소떼몰이 방북이 남북간의 물리적 장벽을 낮추고 나아가 우리의 심리적 장벽을 허무는 계기가 되기를 바란다.

발상의 전환은 미래를 내다보고 대비하는 사고에서도 드러난다. 미국은 우리보다 인구, 자본, 자원 등 모든 면에서 월등하다. 그러나 80년대 무역과 재정, 양 분야에 걸친 쌍둥이 적자가 계속되자 뼈를 깎는 고통을 감내하면서 혹독한 구조조정을 거쳤다.

세계 최강의 선진국에서 리엔지니어링, 다운사이징, 벤치마킹, 학습조직 같은 경영혁신 전략이 선풍을 일으킬 때 우리는 선진적인 몇몇 그룹에서나 이를 받아들이는 수준이었고, 이같은 용어 또한 학자늘의 강의 노트에서나 맴돌았다. 결국 그때 제대로 대응하지 못한 결과 지금 우리는 엄청난 노력과 희생을 요구받고 있다.

공룡부처도 변신이 가능하다

현재의 외환위기를 극복하기 위해서도 발상의 전환이 중요하다. 요즘 우리 경제의 최우선 목표는 수출이다. 그러나 과거처럼 공장에서 만든 제품만을 수출하던 시대는 지났다. 박세리, 박찬호, 선동렬 등이 최고의 수출상품이 되었다. 이들은 많은 외화를 벌어들이는 동시에 돈을 주고도 살 수 없는 역할을 하고 있다. 대한민국이란 국가 이미지를 세계무대에 뿌리내리는 일이다. 일례로 '쥬라기공원'이라는 한 편의 영화에 제작비 6천5백만 달러를 들여 8억5백만 달러를 벌어들였다. 국내 자동차 수십만 대를 수출해서 벌어들이는 것을 능가하는 액수다.

또 과거 대기업 위주의 정책에서 벗어나 중소기업이나 벤처기업이 제대로 활동할 수 있는 토양을 마련해 주는 게 중요하다. 이권이나 로비에 물들지 않고 오로지 기술개발에만 힘쓰는 이들이 제대로 평가받는 사회가 될 때 우리 경제의 뿌리도 튼튼해질 것이다.

이처럼 발상의 전환은 중요하다. 과거 실세 부처로 손꼽혔던 내무부와 총무처가 합쳐져서 행정자치부가 탄생했으니, 국민이나 공무원들의 일반적 시각에서는 당연히 힘 센 부처로서 효율성이나 변화를 기대하지 않는다.

그러나 '공룡부처인 행정자치부가 과연 잘 될 수 있을까' 란 생각에서 '탈바꿈이 가능하다' 는 쪽으로 생각을 바꾸어야 한다. 생각을 바꾸면 습관이 바뀌고 습관이 바뀌면 운명이 바뀐다는 이야기가 있다.

개혁은 피할 수 없는 시대적 흐름이다. 개혁하는 과정에서 일시적인 공직사회의 위축은 불가피하다.

그러나 당장은 고통스럽더라도 구조조정과 체질개선을 성공적으로 이뤄내면 더 나은 여건이 될 것이라는 확신을 가져야 한다. IMF 체제 하의 위기상황이야말로 개혁을 이룰 수 있는 마지막 기회다.

복지부동은 요지부동

일부 냉소적인 사람들은 '국민의 정부가 추진하고 있는 개혁이 과연 성공할 수 있겠느냐'고 의문을 제기한다. 그들은 '문민정부도 출범 초기에 사정을 통한 강도 높은 개혁을 추진했지만 결과는 실패로 끝났다'고 역설한다.

일부 냉소적인 사람들은 '국민의 정부가 추진하고 있는 개혁이 과연 성공할 수 있겠느냐'고 의문을 제기한다. 그들은 '문민정부도 출범 초기에 사정을 통한 강도 높은 개혁을 추진했지만 결과는 실패로 끝났다'고 역설한다.

문민정부는 집권 초기부터 공직사회에 대한 대대적인 사정작업을 벌였다. 그러나 공무원의 복지부동이라는 부작용만 낳았을 뿐 공직사회의 체질을 획기적으로 개선시키지는 못했다.

문민정부는 문제를 제도개혁 차원에서 근본적으로 치유하려는 준비와 노력이 부족했다. 그래서 한 사람이 문책을 당하더라도 다른 사람들은 '어쩌다 재수 없게 걸렸다'는 반응을 보였다.

관료들은 사정의 태풍이 자신을 피해 지나가기를 기다리면서 납작하게 엎드려 주위의 눈치만 살폈다. 사정 분위기가 누그러진 다음에는 아무 일도 없었다는 듯이 원래의 자리로 되돌아갔다.

국민의 정부가 들어서고서도 공직사회의 가장 큰 문제는 역시 복지부동으로 나타났다. 6·4지방선거 직후부터 약 2개월 간 실시한 정부의 대대적인 공직기강 점검 결과 1만여 명의 비리 공직자를 적발하였는데, 그중 가장 많이 지적된 것이 복지부동과 무사안일 사례였고 금품수수, 향응, 직권남용 등도 그 다음을 차지했다. 그야말로 복지부동은 요지부동인 셈이다.

그러나 국민의 정부가 추진하는 개혁은 문민정부와 비교할 때 여러 가지 다른 조건을 갖고 있다. 국민의 정부는 민주화 역량이 한 단계 성숙한 가운데 탄생했다. 국민들은 수차례의 대통령 직선과 풀뿌리 민주주의인 지방자치제 선거 등을 통해 민주화 경험을 축적시켰다. 또 정부의 개혁추진에 대한 국민의 요구가 어느 때보다 절실하다.

IMF 관리체제라는 엄청난 경제위기도 개혁을 위해서는 소중한 기회로 작용한다. 온 국민이 양보와 희생을 각오한 상태에서 근본적인 수술이 가능해졌다. 개혁은 당위의 차원이 아니라 생존의 조건이 됐다.

국민의 정부에서도 개혁 작업을 성공시키지 못한다면 앞으로도 5년, 아니 10년 경제위기를 감내하는 것은 물론 세계와의 경쟁에서도 이겨낼 수 없을 것이다.

문민정부의 시행착오 역시 앞으로 개혁 작업을 추진해가는 데 소중한 교훈이 될 것이다. 국민의 정부는 변화를 뿌리내리기 위해 제도의 변화가 중요하다는 깨달음을 얻게 됐다.

사정활동은 공직사회의 기강을 바로잡기 위해 무척 중요하다. 공직부조리가 뿌리 뽑힐 때까지 결코 일과성이 아닌 강도 높은 사정이 지속되어야 한다. 그러나 사정만으로 모든 문제가 해결될 수는 없다. 제도에 의한 개혁이 뒷받침될 때 개혁의 성과가 더 넓게 확산되고 오래 지속될 것이다.

우리나라도 NATO에 속한다고?

나는 현재 진행중인 정부개혁의 골자가 관주도적, 행정편의적 패러다임의 일대 전환이라고 본다. 이런 의미에서 정부기능의 과감한 민간이양과 분권화가 이뤄지고 그에 맞도록 각종 법률과 제도가 정비되어야 한다.

또 과거의 권위적이고 국민 위에 군림하려는 자세를 버리고 고객 중심의 행정 서비스 체제로 바꿔나가야 한다. 고객지향적 정부는 단순히 행정 서비스를 공급하는 데 그치는 것이 아니라 국민들에게 만족을 공급하는 정부이다.

예를 들자면 앞으로는 행정기관별로 행정 서비스의 기준을 제시하는 헌장이 제정된다. 이것은 영국의 시민헌장, 미국의 서비스 기준, 유럽의 공공 서비스 기준 등과 비슷한 것으로 경제협력개발기구(OECD) 회원 국가들이 대부분 실시하고 있다.

지하철의 경우 '매표소 직원은 친절한가', '역 구내는 깨끗한가', '전동차는 제시간에 오는가' 하는 식으로 행정서비스의 기준을 조목조목 제시해 기준에 도달하지 못하면 고객인 국민들에게 약속대로 보상을 해주는 것이다. 행정 서비스 향상이 선언적, 추상적 수준에 그치는 게 아니라 실질적으로 달라지도록 유도하는 방식이다.

또 기관별로 국민 만족도 조사를 실시해야 한다. 행정기관의 자체평가보다는 국민이 직접 평가를 내림으로써 조직이 건실하게 운영되는지 여부를 체크하게 된다.

나아가 영국의 행정서비스사업소(Agency)와 비슷한 형태인 책임운영기관제가 점차 도입되어야 한다. 그렇게 되면 국립의료원, 자동차면허시험장과 같은 집행기관에 계약직 기관장을 채용하게 되고 기업회계방식을 도입해서 독자적인 의사결정, 창의성을 바탕으로 민간의 활력을 행정조직에 불어넣게 된다.

정책실명제를 통해 책임의 범위를 명확히 하는 것도 국민에 대한 책임감을 강화하는 것이다. 신상필벌(信賞必罰)은 공직사회의 기본이다. 『목민심서』〈이전(吏典) 6조〉 편에서도 '관리가 한 일은 반드시 그 공적을 따져야 한다. 그 공적을 따지지 않는다면 백성이 힘써 일하지 않는다. 국법에 없는 것을 혼자서 행할 수는 없으나 그 공과를 기록하였다가 연말에 공적을 따져서 상줄 것을 의논한다면 오히려 그만두는 것보다 나을 것이다'라고 했다.

개혁을 추진하는 데는 올바른 방향을 설정하는 것 못지않게 강도와 속도의 조절이 중요하다. 또 개혁의 저항을 줄이는 것도 성공의 관건이다.

그런데 우리의 경우 방향은 제대로 잡았지만 강도와 속도는 미흡하다는 것이 대체적인 외국의 시각이다. 개혁의 목소리는 요란한데 바로 실천이나 행동이 뒤따르지 않는다고 해서 우리나라도 NATO(No Action, Talk Only)국가의 부류에 속한다는 우스갯소리도 있다.

또 미국 MIT대의 루디거 돈 부시 교수는 '한국에서 구조조정이 효과를 거두려면 관료를 모두 외국으로 추방해야 한다', '한국은 기득권 수호와 정책 실패를 감추는데 급급했던 일본 관료의 문제 해결 방식을 답습하고 있다', '관료의 개혁저항을 극복 못하면 한국 경제 위기는 재발할 것이다' 라고 매섭게 경고하기도 했다.

그동안의 노력에도 불구하고 개혁의 강도와 성과가 국민들과 국제사회의 기대에 미치지 못하는 것은 무척 아쉬운 일이다. 특히 공무원들 스스로가 공직사회 개혁에 적극적으로 동참하고 앞장서려는 자세가 미흡했다는 지적에 대해서는 뼈아픈 자성이 필요하다.

그러나 제도개선을 통한 개혁은 사정을 통한 개혁만큼 가시적인 효과가 없다는데 고민이 있다. 제도개선의 효과는 즉각적이지 않고 장기간에 걸쳐 서서히 나타난다.

가령 제도개선 차원에서 관련 법령을 하나 바꾸려면 적어도 1년이 필요하다. 또 이 과정에서 다양한 이익집단을 설득해내는 것도 쉽지 않은 일이다. 그러므로 항구적인 개혁의 토대를 마련하기 위해서는 당장 눈에 보이는 변화를 기대하기보다 인내하면서 개혁의 방향이 올바르게 가고 있는지 끊임없이 독려해주었으면 한다.

2 공무원은 상전이 아니다

악역 자처한 장관

공무원들이 국가의 일에 주인의식을 갖는 것은 좋지만 주인노릇을 하는 것은 안 된다. 효율적인 제도를 만들어내고 국민들이 원하는 서비스를 친절, 신속하게 해주도록 만드는 것이 내가 생각한 정부개혁의 핵심이다.

과거 내무부 장관을 지냈던 한 선배 정치인으로부터 "내무부 장관은 취임한 지 6개월이 되면 환갑 잔치를 한다"는 우스갯소리를 들은 적이 있다. 각종 사건, 사고와 재난관리를 담당하는 부처여서 큰일이 터질 때마다 장관이 경질되는 경우가 잦았던 까닭이다.

봄에는 산불걱정, 여름에는 수해걱정, 가을에는 태풍걱정, 겨울에는 화재와 폭설걱정으로 일 년 내내 긴장해야 하고 퇴근 이후 심야나 새벽시간에도 늘 사건, 사고의 동향에 신경을 곤두세워야 하는 것이 과거 내무부 장관의 일이었다.

기록을 보더라도 내무부는 정부수립 이후 49년 7개월 동안 63대 장관을 배출했는데 장관의 평균 재임기간이 9.4개월에 불과했다.

나도 언젠가는 장관직에서 물러나게 될 것이다. 그때 공직사회의 개혁을 성공시킨 장관이란 평가를 받고 싶다.

공무원들이 국가의 일에 주인의식을 갖는 것은 좋지만 주인노릇을 하는 것은 안 된다. 효율적인 제도를 만들어내고 국민들이 원하는 서비스를 친절, 신속하게 해주도록 만드는 것이 내가 생각한 정부 개혁의 핵심이다. 그동안 조직을 축소하고 인원을 줄이고 새로운 제도를 통해 공직사회에 경쟁개념을 도입하는 데 주력해왔다. 개혁의 틀은 대략 마련해놓은 셈이다. 그러나 이제부터가 시작이다. 제도가 바뀌었다고 해서 일이나 사람까지 바뀌는 것은 아니기 때문이다. 공무원들의 자세전환과 의식개혁이 필요하다. 또 신바람나고 열심히 일하는 분위기를 만드는 것이 중요하다.

절단 수술을 해야 하는 괴로움

개인적으로는 이처럼 거센 개혁의 소용돌이 속에서 장관 노릇을 하게 된 것이 무척 부담스럽다. 정치를 하려면 인심을 얻어야 하는데 조직을 줄이고 사람을 자르는 일을 도맡았으니 정치인으로서는 오히려 큰 부담이 아닐 수 없다. 그러나 개혁의 성공을 위해 '악역'이 필요하다면, 그리고 그 역할이 내게 주어졌다면 무조건 피해갈 수만은 없지 않은가.

특히 많은 공무원들의 자리를 뺏고 보직대기 상태로 발령을 내는 일은 무척 괴로운 일이었다. 조직개편 이후 인사를 마무리하면서 수주일씩 밤잠을 설칠 정도로 고민해야만 했다. 그들도 나와 같이 가족의 생계문제를 책임지고 있는 가장들이다.

나도 국회의원 선거에서 여러 차례 낙선한 뒤 돈이 없어 쩔쩔 매며 사글세방에서도 살아봤다. 새벽에 자갈치 시장에서 생선을 떼다가 여기저기 배달도 해봤고 친구와 약속을 했는데 차비가 없어서 못 나갈 지경이 되기도 했다. 그래서 누구보다도 실직자의 심정을 잘 알고 있다. 그들이 직장에서 밀려나 받게 될 충격이나 고통, 좌절감을 생각하면 한없이 부담스럽다.

인사가 나기 전에 행정자치부의 한 과장이 내게 결재를 받으러 왔다가 "장관님, 저도 장관님과 같은 대학 동문입니다"라고 말했다. 나이로 따져보니 나보다 한참 선배였다.

그는 '40년생 이상 고령자를 우선 퇴출한다'는 인사원칙에 따라 결국 보직대기 발령을 받았다. 기준을 정했으니 어쩔 수 없으나 인간적으로는 참 미안하고 늘 마음에 걸린다. '이 어려운 때 왜 하필이면 내가 남들에게 이렇게 가슴 아픈 일을 해야 하나', '이런 모진 짓을 꼭 내 손으로 해야만 하는가' 하는 생각이 마음속에서 늘 떠나지 않는다.

40년생으로 역시 대기발령을 받은 한 전라도 출신 사무관은 '경상도 출신 장관이라서 전라도 사람인 나를 쫓아냈다'며 여기저기 얘기하고 다니는 바람에 난처한 입장이 되기도 했다.

나는 그와 직접 만난 자리에서 '공무원 개개인의 능력에 대한 정확한 분석이 안 돼 있기 때문에 나이가 가장 객관적인 기준이 될 수밖에 없지 않느냐'고 설득했다. 그랬더니 그는 결과에 승복하겠으나 대신 산하단체에 자리를 보장해 달라고 요구했다.

대기발령을 받은 당사자나 그 부인이 찾아와 사정하며 매달리는 경우도 참으로 애처롭고 곤혹스러운 일이 아닐 수 없었다. '아이가 아파서 병원에 누워 있다', '팔순 노모가 사실 날이 얼마 안 남았다' 등등의 딱한 사정들을 듣고도 어쩔 수 없이 돌려보내야 할 때마다 정말 마음이 괴롭고 힘들었다.

고통 없이 거듭날 수 없기에

개혁은 모두를 위해 불가피한 것이지만 진행과정에서는 어쩔 수 없이 진통이 따르게 마련이다. 그러나 현재 국민들이 겪고 있는 고통을 생각하면 어쩔 수 없다. 우리 사회에서 가장 확실한 직장이라고 생각했던 은행원들이 하루아침에 실직자가 되리라고 누가 생각이나 했겠는가. 공직사회라고 해서 결코 예외가 될 수는 없다.

공무원들의 사기 저하와 고통을 이해하지 못하는 건 아니지만 공직사회의 구조조정이 피할 수 없는 것이라면 그것을 현실로 받아들여야 한다.

많은 사람들의 희생 아래 진행된 공직사회의 구조조정이 국가발전의 초석이 되고 권위주의, 불친절의 대명사로 국민들의 뇌리에 박혀있는 공무원들이 진정한 국민의 공복으로 거듭나는 계기가 되어야 한다.

정부 출범 초기의 개혁이 공직사회의 조직과 인력을 감축하는 데 주력했다면, 앞으로는 좋은 제도를 뿌리내리고 공직사회의 생산성을 높이는 데 역점을 둬야 할 것이다.

물론 장관직에 있는 동안 획기적인 변화를 기대하기는 어려울지도 모른다. 그러나 개혁과 구조조정의 진통이 지나간 뒤에는 탐스런 열매가 맺힐 날이 반드시 올 것이다.

개혁 총론 찬성, 각론 반대

변화를 두려워하고 저항하는 세력은 흔히 '총론 찬성, 각론 반대'의 논리를 내세운다. 특히 기득권이 큰 집단일수록 자신에게 조금이라도 손해가 나는 일이라면 결사적으로 반대하고 나선다.

"정부개혁, 반드시 필요합니다. 그러나 우리 조직은 개혁을 위해 꼭 필요한 조직이므로 결코 없어져서는 안됩니다."

이런 식의 집단이기주의가 개혁의 큰 걸림돌로 작용한다. 변화를 두려워하고 저항하는 세력은 흔히 '총론 찬성, 각론 반대'의 논리를 내세운다. 특히 기득권이 큰 집단일수록 자신에게 조금이라도 손해가 나는 일이라면 결사적으로 반대하고 나선다.

정부산하단체 및 공기업에서 정부의 구조조정 작업에 강력하게 반대하는 것은 대표적인 사례다. 이들이 본격적인 개혁에 착수하기 전부터 반대시위, 투서, 익명의 항의전화를 일삼아 큰 진통을 겪었다고 들었다. 민간기업 종사자들이 30~40% 수준의 감원을 감내하면서 가혹한 구조조정을 겪고 있다는 점을 감안하면 공공부문의 집단이기주의는 너무 심하다는 느낌을 받게 된다.

정부가 공무원의 임금을 10% 깎아 실업기금을 마련하겠다고 발표하자 한국노총 산하 철도, 전력, 체신, 담배인삼 등 공공부문 사업장 12개 노조 산별 대표자들이 임금삭감 및 공공부문 구조조정에 대한 연대투쟁을 결의해 정부와 마찰을 빚었다.

또 정부 산하단체들이 당초 느슨한 조직개편을 계획했다가 최고 80%까지 인력을 감축하는 대폭적인 구조조정안이 나오자 신문에 전면광고까지 내고 여론몰이에 나서는 등 조직적인 반발을 보이기도 했다. 구조조정이 진행되는 과정에서도 한꺼번에 쏟아져 나오는 퇴직자들을 대부분 명예퇴직으로 처리해 사회통념상 납득하기 어려운 많은 돈을 받아가도록 하는 등 여러 가지 편법을 썼다고 한다.

개혁은 '다른 사람, 다른 부서' 이야기?

자신이 속한 조직이 외부로부터 위협을 받을 때 그것을 지키려는 것은 본능적인 방어의식이다. 그러나 그것이 공익을 담보로 한 준공무원 조직의 집단적 저항일 때는 너무 무책임하다는 비난을 면하기 어렵다.

나도 장관으로 일하면서 새로운 개혁시책을 실시할 때마다 여러 가지 이유로 반대에 부딪혔다. '각론 반대'의 도가 지나쳐 '총론' 까지도 흔들리는 지경이 되는 것이다.

또 많은 공무원들이 공직사회의 개혁방향에 대해 제대로 이해하려고 하지 않는 것 같았다. 특히 고위 간부층일수록 개혁의 원칙과 정책 노선에 공감하고 스스로 솔선수범해야 하는데 이런 부분에서 미진한 감이 있다.

선진사회는 시장경제 중심, 시민사회 중심의 사회이다. 그러나 관료들은 아직도 국가 중심의 큰 정부, 강한 정부에 대한 미련을 버리지 못하고 있다. 공무원들이 아직까지 개혁의 주체로 나서지 못하는 것은 이러한 시각 차이와 이념의 상충 때문이다.

정부가 추구하는 정책목표도 과거와는 달라졌다. 과거에는 공적인 것, 전체적인 것을 위해 사적인 것, 개인적인 것을 희생하는 것이 당연시됐다. 그러나 이제는 국민 개개인의 삶의 질이 무엇보다 중요하다. 정부가 쓸데없이 국민의 생활에 간섭하거나 비능률을 초래하는 것은 최대한 억제해야 한다.

개혁에 대한 저항세력은 자신들이 지금까지 해온 일에 아무 문제가 없으며 앞으로도 그들이 해온 일을 계속해야 한다고 굳게 믿고 있다. 또 우리 정부는 선진국과 비교할 때 큰 정부가 아니라 아직까지 '작은 정부' 라고 주장한다.

서양에서의 큰 정부는 20세기 초반 경제 공황을 겪으면서 만들어졌다. 실업문제를 해결하기 위해 정부가 앞장서서 노동수요를 창출하고 복지부문에 많은 예산을 썼다. 또 두 차례의 세계대전을 거치면서 방위산업의 비중이 커져 정부는 더욱 공룡화됐다. 당시는 동서 간 이념의 대립이 심했기 때문에 무엇보다 강한 정부가 필요했다.

그러나 냉전이 사라지고 소위 '복지병' 이라고 불리는 의존문화의 후유증이 심각해지면서 선진국들은 서둘러 작은 정부를 향해 수술을 단행했다. 국민 1인당 조세부담률, 공무원 수, 정부의 권한범위 등 모든 수치를 하향 조정했다.

우리는 복지국가에 이르지는 못했고 전쟁을 통해 성장한 것도 아니다. 담세율이나 공무원 수도 선진국에 비해 상대적으로 적다. 이렇게 보면 작은 정부라고 할 수 있다.

그러나 실상은 외양과 아주 다르다. 우선 정부가 사회 전부문에 걸쳐 규정 이상의 권력을 행사하고 있다. 정부의 재정 규모는 작지만 은행금고의 절반 이상이 관료들의 영향력 아래 집행된다는 지적도 있다. 준조세가 엄청나고 규제도 많다.

인구와 소득 면에서 훨씬 앞선 선진국과 우리나라를 맞비교하는 것은 적절하지 않다. 우리는 결코 작은 정부가 아니라 큰 정부에 육박하고 있다. 그러므로 '한국식 작은 정부'를 만들 수밖에 없다.

발자크의 지적 앞에 떳떳한가

'공무원의 밥그릇은 철밥통'이란 말이 있다. 그러나 공무원의 신분과 정치적 중립성을 보장하는 것은 공무원이 공복으로서 사명을 다할 수 있도록 하기 위한 수단이지 공무원의 개인적 이익을 도모하라는 것은 결코 아니다.

공무원들은 효율적으로 행정을 집행하기 위해 공권력이라는 우월적인 힘을 갖는다. 말로는 국민의 공복이니 심부름꾼이니 머슴이니 하면서 실제로는 정반대로 행세한다. 그래서 일반시민에 비해 자신들이 우월적 지위에 있는 것으로 오해하는 일이 많다. 행정기구의 유지, 관리에 들어가는 비용이 국민의 세금으로 충당되기 때문에 정부나 공무원은 일반적으로 돈에 대한 감각이 둔한 게 사실이다.

공무원에 대한 강한 신분보장, 공무원의 우월심리와 비용감각의 부족 등이 결과적으로 놓고 볼 때 공직사회의 폐단을 가져왔고 개혁을 불가피하게 하는 요인으로 작용하는 것이다.

최근 한 신문칼럼에서 프랑스의 문호 발자크가 1841년에 쓴 『관료생리학』이란 책을 소개한 것을 봤다. 150년이 훨씬 지난 책인데도 오늘날 관료사회의 병폐를 지적하는 데 부족함이 없다.

"공무원이란 먹고살기 위해 봉급을 필요로 하고 있으며, 자기 직장을 떠나는 자유를 스스로 포기하고 있으며, 품의서와 결재서류를 작성하는 능력밖에는 없는 인간이다."

"고급공무원이란 정부에 도움이 되기보다는 정부를 자기에게 도움이 되도록 이용하는 데 능숙한 기술자다."

"모든 관료는 의무적으로 관청에서 9시간씩 일하게 되어 있지만 그중에서 4시간 반은 잡담이나 상사들에 대한 험담, 인사에 관한 정보교환과 눈치 보기에 소비된다. 다시 말해서 국가는 집무시간의 절반을 잃고 있는 것이다."

이 책이 지적하는 관료제도의 가장 큰 병폐 중 하나는 번거롭고도 무책임한 결재과정이다. "보고서란 일종의 연기 방법이며 때로는 책임회피의 수단이 되기도 한다."

그는 마지막으로 "게으르고 무책임하고 거드름만 부리고 줄대기에 바쁜 게 전형적인 공무원의 고질병"이라고 개탄하고 있다.

관료주의, 영어로 뷰로크라시(Bureaucracy)의 '크라시'는 지배란 뜻이고 뷰로는 원래 책상, 특히 서류를 넣을 수 있는 서랍책상을 뜻한다. 관료주의는 그 폐단의 예로 '책상을 정리하는 가장 관료다운 방식은 폐기할 서류를 일단 복사하는 것'이라는 말까지 듣는 모양이다.

관료주의는 그 용어가 생길 당시 '합리적'이라는 의미로 통할만큼 좋은 뜻이었다. 그러나 지금은 '국민의 의사와는 무관하게 독선적, 권위적, 억압적 태도를 취하는 주의'라고 할 만큼 타락했다. 국민으로부터 유리된 채 비뚤어진 엘리트 의식만이 강조되고 있다.

이같은 관료주의의 폐단이 개혁을 추진하는 데 걸림돌로 작용한다. 목적보다는 수단과 절차만을 강조하는 지나친 형식주의로 흐를 수 있다. '총론 찬성, 각론 반대'의 태도 역시 관료주의의 전형이 아닌가 한다.

'공무원과의 전쟁'

다산은 또 "현명한 수령은 관아를 여관으로 여겨 마치 이른 아침에 떠나갈 듯이 문서를 깨끗이 해두고 그 행장을 꾸려두어 항상 가을 새매가 가지에 앉아 있다가 훌쩍 떠나갈 듯이 해야 한다"고 말했다.

모 일간지 1998년 5월 21일자 칼럼에 '공무원과의 전쟁' 이란 제목으로 다음과 같은 글이 실렸다.

다산 정약용은 『목민심서』에서 청렴도에 따라 공직자를 세 가지 부류로 나누었다. 나라에서 주는 봉급만으로 사는 공직자, 나라가 주는 녹 외에도 명분만 있으면 백성이 주는 것을 받는 공직자, 백성을 들볶어서 뇌물을 챙기는 공직자. 물론 세번째 부류가 가장 고약한 부패 공직자다.

다산은 또 "현명한 수령은 관아를 여관으로 여겨 마치 이른 아침에 떠나갈 듯이 문서를 깨끗이 해두고 그 행장을 꾸려두어 항상 가을 새매가 가지에 앉아 있다가 훌쩍 떠나갈 듯이 해야 한다"고 말했다. 벼슬 자리를 '자고 나면 길 떠나는 여관' 으로 여기는 공직생활을 해야 한다는 의미다. 실제로 다산은 학문뿐만 아니라 공직생활에서도 당대의 사표(師表)였다.

김정길 행정자치부 장관이 기자간담회에서 "장관으로 몇 달 일해보니 공무원들이 집단이기주의로 뭉쳐 눈에 보이지 않는 교묘한 방법으로 개혁에 저항하고 있음을 알게 됐다"고 실토했다고 한다. 그는 "정부의 산하단체가 필요 이상 많은 것도 공무원들이 퇴직 이후 일자리를 보장받기 위한 것"이라고 지적하고 "일부 공무원들과 적이 되는 한이 있더라도 공무원과의 전쟁에 나서겠다"고 말했다고 한다.

이 발언에 대해 공직사회 일부에서는 "표현이 지나치다"는 말로 불만을 나타내고 있다고 한다. 그러나 김장관의 발언은 문제의 핵심을 제대로 파악한 것으로 볼 수 있다. 문제는 개혁의 실천이다. 특히 고위직 공무원들이 퇴직 후 산하단체에 재취업해 연금과 월급을 동시에 받고 있는 현실은 문제가 아닐 수 없다. 하급직은 국민을 들볶아 뇌물이나 챙기고 고위직은 복지부동으로 일관하면서 퇴임 후의 갈 자리 찾기에만 정신을 팔고 있으니 나라가 제대로 굴러가겠는가.

내가 기자간담회에서 "공직사회를 개혁하겠다"고 한 것이 신문 지상에 '공무원과의 전쟁'이란 제목으로 보도되면서 본의 아니게 구설수에 오른 적이 있다.

그러나 나는 '전쟁'이란 말 자체를 싫어한다. 더군다나 공무원과 전쟁을 벌일 생각은 없다. 다만 공직사회의 개혁에 나서면서 전쟁터의 야전사령관처럼 비장한 각오를 가진 것은 사실이다. 또 개혁의 진행과정을 지켜보는 이들로부터 "전쟁이나 다름없다"는 말을 듣기도 한다.

우리 공직사회의 모습은 지나치게 비대하고 경직돼 있다. 권위주의와 행정편의주의가 상존하며 복지부동의 상태로 좀처럼 움직이지 않는다. 나는 국가의 백년대계를 마련한다는 입장에서 다소의 희생을 무릅쓰더라도 강단 있는 개혁을 추진해 '되는 것은 되고 안 되는 것은 안 되는' 분명한 공직자상을 국민 앞에 선보일 생각이다.

예외일 수 없는 고통분담

소위 '공무원과의 전쟁'은 97년 말 대통령직인수위원회 정무분과 간사를 맡으면서 시작됐다. 인수위가 출범한 뒤 처음으로 업무보고를 받던 날, 관련 부서 공무원들은 당장 화급을 다투는 과제라면서 새해 공무원 임금조정안과 충원계획서, 승진 · 전보인사 및 훈 · 포상 계획 등을 들고 왔다.

당시는 IMF 관리체제가 막 시작된 때라서 재정여건을 봐가면서 새해 공무원의 봉급을 3% 인상한 뒤 반납하는 형식을 취하겠다는 것이었다. 나는 일단 인상방침을 유보하라고 권고했다. 각 부문의 구조조정이 시작되는 시점에서 공무원 봉급을 올린다는 것은 있을 수 없는 일이라고 생각했다.

그 후 새 정부는 공무원의 봉급을 동결하도록 했다가 다시 10%를 삭감하는 결정을 내렸다. IMF 이후 첫 해의 세수 부족액이 7조6천억 원에 이를 만큼 재정 사정이 열악한 데다가 민간기업은 월급을 깎고 인원을 줄여가는 마당에 공무원들이라고 고통분담에서 예외일 수는 없었다.

다음으로 공무원 충원계획은 새 정부 출범과 동시에 오히려 공무원 수를 줄여야 하는 만큼 신규채용을 가급적 억제하는 방향으로 가닥을 잡았다. 인수위에서는 먼저 전년대비 70% 수준의 공무원을 뽑도록 했다가 다시 50%로 조정한 뒤 50%를 넘지 않는 것으로 재조정했다.

공무원 감원문제는 당시 김대중 대통령 당선자가 IMF 극복시한으로 제시한 99년말까지 군인, 경찰, 교원을 제외한 중앙·지방 공무원 50만여 명 가운데 10%선인 5만 명 정도를 감축하는 것으로 결론이 났다.

마지막으로 인사나 훈·포상 계획의 경우 정권 말기에 대규모의 승진·전보인사를 단행하고 훈·포상을 남발하는 것은 마구잡이로 인심을 쓰는 식의 옳지 않은 행동이라고 생각해서 제동을 걸었다.

정권은 유한하고 공무원은 무한하다?

인수위의 업무보고는 각 부처의 각축장이었다고 해도 과언이 아니다. 헌정사상 최초의 정권교체로 인해 명실상부한 인수인계가 이뤄지다보니 긴장과 흥분된 분위기가 계속 떠나지 않았다. 특히 정부의 조직개편을 앞둔 상황이었으므로 각 부처들이 자리 보전을 위해 사활을 건 홍보, 로비전을 벌여 점입가경이었다.

이 과정에서 인수업무가 원활하게 진행되도록 돕기 위해 각 부처에서 파견된 일부 전문위원들은 자기가 돌아갈 '친정'이 비판받고 입지가 좁아지자 친정을 챙기는 차원에서 갖가지 이기적인 행태를 보였다.

조직개편이 진행되는 동안에도 "내 부처는 꼭 필요하다"는 읍소 보고로 일관하고 심지어 새로운 부서를 만들어 달라는 개편안도 올렸다. 이해관계가 상충되는 부처들의 동향과 정보 캐내기가 성행하는가 하면 회의시간에 살짝 빠져나와 복도에서 휴대 전화로 소속 부처에 상황보고를 하는 전문위원들의 모습도 목격됐다.

급기야 내가 직접 나서서 "부처 이기주의에 빠진 전문위원들은 돌려 보내겠다", "이들에게는 인사상 불이익이 주어질 것"이라는 경고까지 하게 됐다. 자기 부처로 되돌려보내지는 것은 공무원 개인의 입장에서 보면 몹시 치욕적이고 불명예스러운 일이다. 국가위기 상황에서 정부, 기업 할 것 없이 모두가 구조조정을 해야 할 판인데 공무원들이 가장 국가위기의식이 없다고 느껴질 정도였다.

당시 상황은 "도대체 어느 나라 공무원들인지 모르겠다"는 말이 나올 지경이었고 '정권은 유한하지만 공무원 사회는 무한하다'는 뿌리 깊은 사고방식이 아직도 바뀌지 않았음을 피부로 확인할 수 있었다.

사실 공무원들과 본격적으로 접촉하기 시작한 것이 인수위 시절부터라고 볼 수 있는데, 공직사회가 자신의 이익과 관련된 일이라면 강력한 대응논리로 무장하고 조직적인 반발을 하는 것을 보고 만만치 않은 조직이란 느낌을 강하게 받았다. 봉급을 삭감하고 자리를 없애는 등 자신의 이익과 배치될 때는 매우 민감한 반응을 보였다.

나는 공무원 개개인을 비난하고 싶은 마음은 추호도 없다. 문제는 불합리하고 잘못된 제도에 있기 때문이다. 우수한 사람이라도 잘못된 제도에 파묻혀 있다보면 자신도 모르게 바람직하지 못한 행태를 나타내게 된다.

따라서 제도개혁을 통해 공무원 행태를 혁신해야 한다. 공무원들이 선공후사(先公後私)의 정신으로 국익을 위해 사익을 버리는 모범을 보여야 한다. 외부로부터 압력이 가해질 때마다 마지못해 한 발짝씩 물러서는 자세로는 더 이상 국가의 발전을 기대하기 어렵다.

정부의 군살 빼기와 저항

개혁은 청사진이 없어서 실패하는 것이 아니다. 아무리 훌륭한 계획과 비전을 제시하더라도 개혁의 주체인 공무원들이 따라주지 않으면 실패로 돌아간다. 개혁의 필요조건으로 강력한 리더십을 꼽는 것도 이 때문이다.

개혁은 청사진이 없어서 실패하는 것이 아니다. 아무리 훌륭한 계획과 비전을 제시하더라도 개혁의 주체인 공무원들이 따라주지 않으면 실패로 돌아간다. 개혁의 필요조건으로 강력한 리더십을 꼽는 것도 이 때문이다.

나는 장관 취임 100일을 맞아 '경쟁력 있는 정부'의 구체적인 실천 대책의 일환으로 국민의 정부의 임기가 끝나는 2002년까지 지방 공무원 숫자를 30% 감축하겠다는 구조조정 계획을 발표했다.

취임 초기 지방을 돌아보면서 불필요한 행정인력이 많다는 사실을 절감했다. 수치상으로도 문민정부 5년 동안 중앙공무원의 증가율은 1% 미만인데 비해 지방공무원은 연평균 5%나 늘어날 정도로 방만하게 운영돼 지방조직을 개편할 필요성이 컸다.

어느 나라든 공무원 수는 별도의 통제장치가 없는 한 '파킨슨의 법칙' *에 따라 지속적으로 증가하는 것이 일반적 경향이다. 우선 공무원 수를 적정선으로 줄이고 공무원 총 정원제를 도입해 정원의 범위 내에서 행정수요가 감소한 분야의 인력을 필요한 분야로 재배치하는 제도가 필요하다.

개인적으로는 국민과 표를 의식해야 하는 정치인 출신 장관이지만 공직사회의 비판과 불이익을 감수하고서라도 구조조정을 하겠다는 결심을 하지 않을 수 없었다.

그런데 이 과정에서 우여곡절이 많았다. 분명 30%라는 인력감축 가이드라인을 제시했는데 실무 부서에서는 20% 이상은 불가능하다는 의견을 냈다. "무슨 소리냐, 국민들의 정서는 3분의 1이 아니라 절반 이상을 줄여도 된다는 것이다"라며 내가 여러 차례 강력하게 지시한 뒤에도 기자회견 몇 시간 전까지 수치 조정이 안돼 실랑이를 벌여야 했다.

담당 부서에서는 당초 인수위의 안대로 3년 동안 10%를 줄이겠다는 의견을 냈으나 결국 장관의 고집에 꺾여 98년 말까지 10%를 줄인 뒤 2002년까지 20%를 감축해서 총 30%를 감축하는 안을 확정했다.

발표 내용은 현재 지방공무원 29만1천 명 가운데 우선 1년 내에 10%인 3만 명을 줄이는 1단계 감축을 실시하고 2002년까지 읍·면·동사무소의 기능 전환과 업무의 민간위탁, 단순 사무보조 인력의 감축 등을 통해 총 정원의 20%인 5만7천여 명을 줄이는 2단계 인원감축을 단행하겠다는 것이었다.

---

*Parkinson's law : 상급 공무원으로 출세하기 위해 부하의 수를 늘릴 필요가 있으므로, 공무원의 수는 일의 유무나 경중에 관계 없이 일정한 비율로 증가한다는 이론.

읍·면·동사무소는 주된 업무가 주민등록 등·초본 같은 증명을 발급해주는 것인데 앞으로 전자정부가 구현되면 대부분이 전산화, 자동화가 이뤄져서 인력이 대폭 축소되므로 그 공간을 '주민자치센터'로 활용할 계획이다. 이곳은 주민들이 모여서 여러 가지 문화활동을 펼치고 지역 현안을 논의하는 한편 전산시스템을 통해 취업이나 부동산 정보 등 생활에 필요한 갖가지 정보를 얻을 수 있는 지역사회의 구심점으로 자리 잡게 된다.

지방공무원을 30% 줄이겠다고 하자 공직사회는 물론, 일반의 여론도 대단했다. 그런데 발표가 끝난 뒤 알고보니 총 감축인원 8만7천 명 가운데 실질적으로 줄어드는 공무원 수는 20%였고 나머지 10%는 단순사무보조원, 환경미화원, 청원경찰 등 정부의 예산지원만 받을 뿐 실제 지방공무원 정원에는 잡히지 않는 과외 숫자임이 드러났다.

결론적으로 10%의 감원계획은 눈속임이었던 셈이다. 담당 부서에서는 더 이상의 감원이 도저히 불가능했다고 변명했으나 다시 제대로 해오도록 지시했다. 결과적으로 공무원 정원을 계획대로 30% 줄이고, 비정규 상근인력도 절반 수준인 2만3천여 명을 감축하는 수정안을 만들어 지방자치단체에 지침으로 내려보냈다.

이처럼 공직사회는 상명하달 식으로 철저히 움직이는 듯 보이면서도 자신의 보호본능이 무척 강한 조직이다. 진정한 변화와 개혁을 위해서는 철저한 점검과 채찍질이 필요하다는 것을 다시 한번 절감했다.

청와대 부탁이라도 들어주면 안된다

행정자치부 본부의 조직을 줄일 때도 사정은 비슷했다. 행자부는 구 내무부와 총무처가 합쳐질 때 본부 인원 120명을 감원한 데 이어 4개월 만에 2국 5과를 없애 51명의 공무원을 다시 줄였다. 새 정부 출범 직전과 비교하면 18%의 감원이 이뤄진 것이다.

이 역시 발표 전날까지 여러 차례의 내용 수정을 거듭했다. 처음 실무 부서에서는 국은 그대로 두고 과 단위의 조직만 통폐합하고 인원도 30여 명 선에서 마무리할 것을 건의했다. 재검토를 지시하자 1개국 5개과 축소, 41명 감원 방안을 올렸으나 이 역시 되돌려지자 결국 2개국 5개과 축소, 감원 규모 51명이 최종 결정됐다.

보통 행정고시에 합격하더라도 국장급까지 승진하려면 최소한 20년 이상의 세월이 필요하다. 그러므로 행자부 공무원들에게는 국장 자리 2개가 줄어드는 건 엄청난 충격일 수도 있다.

그러나 정부 조직과 인사관리의 주무부서인 행자부가 뼈를 깎는 고통을 감수하지 않고서는 공공부문이나 지방행정 개혁을 이끌 수 없다. 더구나 하루아침에 직장을 잃는 등 사회 전반의 구조조정을 겪고 있는 국민들이 용납하지 않을 것이다. 공직사회라고 해서, 힘 있는 부처라고 해서 결코 예외가 될 수는 없다는 게 나의 생각이다. 우리 행자부만 하더라도 그 정도의 구조조정에도 업무가 차질 없이 이루어지고 있다.

정부는 출범 직전 발표한 정부조직개편 계획에서 2000년까지 중앙부처 공무원의 10%인 1만8천여 명을 줄이기로 했다. 그런데 이 계획이 발표된 지 불과 반년만에 각 부처별로 1만여 명의 증원신청이 들어왔다.

일례로 노동부의 경우 고용보험이 5인 이하 사업장으로 확대돼 업무가 늘었다. 법무부는 교도소 신설로 인력이 필요하다고 사유를 밝혔다. 각 부처에 잉여인력을 활용하라고 권유했는데도 불구하고 계속 타당성을 주장하면서 증원요청을 하고 있었다.

그러나 나는 담당국장에게 "한쪽에서는 인력을 줄이는 마당에 다른 한쪽에서는 도리어 인력을 늘리는 것은 있을 수 없다. 인력을 늘려달라는 것은 청와대의 부탁이라 하더라도 들어주면 안된다"고 강력히 지시했다.

노회의 정신과 기득권의 저항을 물리쳐야 한다

영국 이코노미스트 그룹의 주최로 열린 '이코노미스트 원탁회의'에서는 한국의 공무원들에 대한 비판이 쏟아져 나왔다고 한다.

참가자들은 "한국의 상당수 중간급 공무원들은 개혁에 대해 회의적이다. 이들은 앞으로 6개월에서 1년 정도 정치적 변혁, 경제적 고통을 겪어야 인식의 전환이 가능할 것이다", "정부의 고위급 관료와 일반 관료들 사이에 개혁의지의 차이가 크다. 교육을 통해 국장급들의 부정적인 인식을 바꿀 수 있다면 강력하고 효과적인 변화를 기대할 수 있다"고 했다.

실제로 공직사회를 가만히 들여다보면 젊은 공무원일수록 개혁을 열망한다는 것을 알 수 있다. 그들은 자신이 앞으로 많은 시간과 정열을 바쳐야 할 공직사회가 거대한 모순 덩어리로 국민들에게 지탄받기를 결코 원하지 않기 때문일 것이다. 그러나 개인적 열망을 개혁의 틀 속에 담아내지 못하는 한계가 있음을 발견했다.

조직의 변화와 개혁을 가로막는 적(敵)은 크게 두 가지가 있다. 그 하나는 노회의 정신이며 다른 하나는 기득권이다.

노회(老獪)란 말을 만든 중국의 임어당은, 그 뜻을 '세상을 많이 살았고 이해타산에 빠르며 쉽게 들뜨지 않고 진보에 대하여 회의를 갖는 태도'라 설명했다.

노회한 사람들은 개혁에 대해 냉소적인 자세를 취하게 마련이다. '아무리 그래 봤자 변하는 건 없다'고 속으로 비웃으면서도 드러내 놓고 이야기하진 않는다. 자신이 개혁의 대상이 되는 것을 원하지 않기 때문이다.

그냥 구경꾼의 입장에서 팔짱만 낀 채 개혁의 광풍이 어서 지나가기를 기다리고 있다. 심지어 자신도 변화를 받아들이고 개혁을 성공시키기 위해 앞장설 것 같은 모습으로 가장하기도 한다.

기득권자들은 조직의 권력을 나누어 갖고 있는 사람들이다. 회사의 중역이나 고위 공무원의 권력은 자신이 가지고 있는 부서의 크기와 비례한다. 부하직원을 많이 거느리고 있을수록 힘센 부서장이다. 만일 자신의 부서 인원이 일의 흐름에 따라 다른 부서로 이전되거나 업무 자체가 없어지게 되었을 때 이를 받아들이려고 하지 않는다.

그러나 노회의 정신과 기득권의 저항을 물리치고 개혁의 길로 끌어들이는 것이야말로 조직의 변화를 일으키는 데 가장 빠른 지름길이다. 현실적으로 조직의 문제점과 실정을 잘 알고 또, 이를 장악하고 있는 이들의 도움이 없다면 개혁과 변화를 이끌어내기란 너무도 요원한 일이다.

IMF시대의 비극,
구조조정 몸살

지방행정조직에 대한 구조조정이 진행되는 과정에서 심한 몸살을 앓았다. 불필요한 행정조직을 없애고 2002년까지 지방공무원 수의 30%를 줄인다는 계획이 발표된 이후 자치단체마다 큰 혼란을 겪었다.

지방행정조직에 대한 구조조정이 진행되는 과정에서 심한 몸살을 앓았다. 불필요한 행정조직을 없애고 2002년까지 지방공무원 수의 30%를 줄인다는 계획이 발표된 이후 자치단체마다 큰 혼란을 겪었다. 공직사회의 뚜렷한 '퇴출기준'이 마련되지 않은 탓이다.

그러나 이미 정해진 방침마저 거부한 채 집단이기주의로 맞서는가 하면 다른 사람을 음해하는 발언이 난무하는 등 기본적인 도덕성을 의심하게 하는 사례도 있었다. 여기에다 일부 주민들의 지역이기주의까지 가세해 상황을 어렵게 만들었다.

합치고 줄이기의 어려움

충북의 증평출장소와 충남의 계룡출장소는 대표적인 사례다. 이

두 곳은 행정업무상의 필요보다는 처음부터 시 승격을 전제로 정치 논리까지 개입되어 만들어진 조직이라서 일찌감치 개편의 필요성이 대두됐다.

충북 증평출장소는 충북 괴산군 증평읍에 있다. 행정구역상 괴산군 소속인데 군청과 증평읍 사이가 산으로 가로막혀 업무를 처리하는데 불편하다. 그래서 이곳에 출장소를 만들었다. 그런데 증평출장소는 괴산군 출장소가 아니라 충북도 출장소로 되어 있다.

충북도가 인허가 및 호적민원 등 괴산군과 증평읍의 업무를 환수해 대리 위탁운영하는 형태이다. 그러면서도 지방 3급의 출장소장을 비롯, 233명이 근무하고 있다. 출장소 설치 당시 인구는 3만2천 명인데 앞으로 인구가 5만 명 이상이 되면 시로 승격시켜준다는 전제조건을 달고 있었다.

이곳의 기형적 행정구조는 지방자치제가 실시되면서 더욱 어긋나기 시작했다. 증평읍 주민들은 괴산 군수 선출에 참여하고 괴산군의회 의원도 자신들의 지역에서 따로 뽑지만 업무 자체가 괴산군과 분리돼 있어 대표성을 갖지 못한다.

충남 논산시 계룡읍의 계룡출장소도 증평출장소와 마찬가지 경우다. 이곳은 3군 본부가 계룡대에 입주하면서 당시 논산군의 형편으로는 지원업무를 효율적으로 할 수 없어 생긴 것이다. 그러나 논산군이 시로 승격된 이후에도 충남도의 출장소로 남아 있으면서 특정시 승격을 요구하고 있다.

그러나 막상 이 두 출장소를 폐쇄하려고 하니까 반발이 극심했다. 도지사와 지역구 국회의원이 찾아오고 주민들도 '비상대책위원회'를 구성해 정부 청사 앞에서 시위를 했다. 어떤 주민은 삭발까지 했다. 나는 지역 주민의 생활 불편 때문이라면 굳이 도출장소로 하지 말고 군출장소로 하는 것이 옳다고 설득했지만 막무가내였다.

이유는 시로 승격하기 위해 도시개발사업이나 인구유입정책을 적극 추진하고 있다는 것이다. 출장소를 폐지하면 향후 시로 승격하는 절차가 더욱 까다로워지고 공무원도 감축해야 한다는 데 대한 반발이었다.

인구 50만 명 이하 시의 경우 시 본청과 구청 간의 기능이 중복되는 사례가 많아서 2002년까지 50만 이하 시의 일반 구를 폐지해 나가기로 방침을 정하였다. 그런데 마산시의 경우는 인근에 창원 신도시가 발달하면서 인구가 50만 명 이하로 감소함에 따라 1998년 내에 2개 구청을 폐지토록 지침을 내렸다.

그러나 이렇게 되면 마산시로서는 인력과 조직의 감축은 물론이고 중앙정부와 도로부터 받는 교부금이 크게 줄어들게 되니까 시의회에서 폐지안에 반발해 부결시켜 버렸다.

또, 인구 5,000명 이하의 과소동(寡少洞)을 줄이는 데도 지역 주민들의 반대로 몸살을 앓아야만 했다. 동네마다 '○○동 살리기 범동민 추진위원회'를 만들어 반대운동을 벌인다. '인구는 적지만 지역이 넓다'는 이유로 반대하고, '다른 동과 통폐합되면 예정된 광역 쓰레기소각로 시설도 반대하겠다'고 조건을 내세운다.

겪을 수밖에 없는 진통들

지방 행정 구조조정 과정에서 소방직 공무원의 감축문제는 가장 큰 현안이었다.

1998년 7월 현재 전국 16개 시도의 정원관리대상 공무원 7만4천 명 가운데 소방직이 2만3천여 명으로 31.5%를 차지했으며 특히 경기도는 정원의 52.6%가 소방직이었다.

이처럼 소방직이 시·도 공무원의 많은 비중을 차지하고 있는 것은 실제 일선 시·군·구 소방관서에 배치되어 있는 인원도 직제상 광역자치단체인 시·도의 정원관리대상으로 되어 있기 때문이다.

동일한 감축비율을 적용하면 소방직 공무원들은 일반직보다 많은 숫자가 옷을 벗게 된다. 경기의 경우 전체 소방관 3,200여 명 가운데 12%인 400여 명을 줄이고 40여 개 소방파출소를 폐쇄해야 한다는 결론이 나왔다.

소방 공무원들은 소방업무가 워낙 특수한 일인데다 주민서비스 강화라는 지방조직 개편방향과 맞지 않는 것이라며 반발하고 경찰, 교원처럼 별도 정원으로 관리해달라고 주장했다. 전국소방인연합회, 한국소방기술사회 등 4개 관련단체는 신문광고까지 냈다.

이들은 "소방이 주 84시간 근무체제인데 비하여 유사조직인 경찰은 전국 44%가 3교대 주 56시간, 교정직은 3교대 주 75시간 근무체제가 확립되었고 소방공무원 1인당 담당 국민수는 서울의 경우 동경의 3배, 뉴욕의 4배에 달한다"며, "24시간 2교대 근무를 하고 있는 소방공무원을 하루 8시간 근무하는 일반직과 동일비율로 감축하면 비상시 구조·구급 및 화재진압 등 재난수습을 위한 출동마저 불가능해진다"고 항변한다.

자신의 목숨을 걸고 사고현장에서 인명을 구조하고 불을 끄는 소방직은 대민 서비스 분야의 첨병인 만큼 일단 줄이고 나서 나중에 다시 늘리는 것은 전문인력의 손실을 감안해서도 부담이 크다. 그러나 모든 국민과 공직사회가 허리띠를 졸라매는 상황에서 소방직만 예외로 인정한다는 것도 어려운 일이었다.

그래서 일단 현장인력은 업무수행에 지장이 없도록 하고 나머지 내근 부서 등에서 감량하되, 구체적인 내용은 해당 자치단체장들이 지역 실정과 직무 분석을 통해 결정하도록 결론을 내렸다.

지난 8월 말까지 각 자치단체가 결정한 1차 지방행정조직 개편 추진 결과 우리 부에서 제시한 10% 감축목표치를 훨씬 상회하는 12.6%의 감축으로 나타났다.

소방 관련 조직은 119구조·구급대나 화재진압요원은 최대한 배제하고 내근요원을 위주로 일반직의 절반 수준인 6.2%를 줄이기로 했다. 지방자치단체들이 힘든 결정을 내려준 것이다. 다만 증평·계룡출장소와 마산시의 경우처럼 해당 지역의 반대가 심한 곳은 현지 사정과 여건을 고려하되, 타 지역과의 형평성과 구조조정의 원칙이 훼손되어서는 안될 것이다.

장기적 통합효과를 보라

행정조직 감축과 관련, 같은 행정기관 내부에서도 다양한 갈등이 빚어졌다. 일반적으로 행정직들이 감축업무를 맡다보니 기술직에게 불리하게 진행된다며 기술직들의 불만이 높았다. 또 지방선거 전후 성행하던 줄서기가 조직개편과 맞물려 증폭하면서 개인은 물론, 부서와 조직 차원의 로비 양상까지 나타났다.

자신이 살아남기 위해 상급자와 동료의 비리를 일러바치고 다른 사람의 근무 태도, 업무능력을 깎아내리는 내용의 투서를 하는가 하면 징계받은 공무원은 퇴출 영순위란 소문이 돌면서 경미한 징계에 대한 소청심사 신청이 급증했다.

희생 없이는 개혁이 불가능하다. '개혁은 해야겠지만 우리는 대상이 아니다' 라는 식으로는 아무런 일도 할 수 없다. 민간기업이나 근로자는 생존을 위해 뼈아픈 고통을 감내하는데 정부조직이나 공기업을 보면 IMF가 다른 나라 이야기처럼 느껴진다는 지적은 괜히 나온 말이 아니다.

지역 주민들도 반드시 별도의 행정조직을 가져야만 지역발전에 유리한 것은 아니다란 사실을 알아야 한다. 여러 개로 쪼개졌던 자치단체가 통합함으로써 장기적인 발전을 가져온 사례가 얼마든지 있다.

전남 여수시와 여천시, 여천군의 3여 통합은 성공적인 케이스로 꼽힌다. 여수반도는 역사적으로 한 뿌리이며 도심 간 거리가 5킬로미터, 20분 대로 생활권과 경제권이 동일한데도 3개 시 · 군으로 분할 운영됐다. 중복행정에 따른 비효율은 물론, 각종 사업이 시 · 군별로 단편적으로 추진돼 인근 순천시나 광양시에 비해 상대적으로 불리했다.

그러나 주민들이 88%의 압도적 지지로 여수반도를 통합함으로써 전남 최대의 도시로 발돋움하면서 대규모 지역개발사업이나 사회간접자본의 확충이 한결 유리해졌고 항만 · 수산 · 관광 산업도시로 발전시키는 데 좋은 입지를 차지하게 됐다. 이는 주민들의 대국적 판단과 함께 지역 지도층의 건실한 지방자치관을 보여준다는 데 큰 의미가 있다.

지방행정기관이 줄어드는 것은 결국 주민들에게 득이 되는 일이다. 당장 구청이 없어지면 인근 땅값이 떨어지고 음식점, 대서소 등의 영업에 타격이 갈지는 모른다. 그러나 구조조정을 통해 확보된 재원이 지역개발사업에 활용될 수 있고 세금부담이 줄어드는 효과가 있다.

대한민국에서 가장 편한 직업
'구청 계장'

한 공무원이 지방자치단체의 인력조정이 반드시 필요하다는 내용의 편지를 '장관과의 대화방'에 올렸다. 그는 특히 '대한민국에서 가장 편한 직업'이라며 구청 계장 제도의 문제점을 지적하고 폐지를 강력히 건의했다.

지방행정조직 축소방침이 내려간 이후 많은 지방자치단체장들이 현실적인 당위성이나 필요성을 인정하면서도 지역주민의 표를 의식해야 하는 선출직이라는 입장과 공무원들의 저항을 의식해 선뜻 동의를 표하지 못했다.

그런데 구조조정의 당사자인 한 공무원이 지방자치단체의 인력조정이 반드시 필요하다는 내용의 편지를 '장관과의 대화방'에 올렸다. 그는 특히 '대한민국에서 가장 편한 직업'이라며 구청 계장 제도의 문제점을 지적하고 폐지를 강력히 건의했다.

"모 광역시 일선 구청에 재직중인 7년 경력의 공무원입니다. 저는 91년도에 7급 공채로 동사무소에 처음 발령을 받은 이래 나름대로 꾸준히 행정에 관심을 갖고 열심히 노력했습니다.

그러나 상식이 통하지 않는 지방공무원 세계에 매력을 느끼지 못하고 전직을 모색하던 중 드디어 민주적 정권교체, 개혁적인 장관 임명, 그리고 지방행정조직개편 등이 시작되면서 저는 다시 공직에 대한 희망을 갖게 되었습니다.

제가 염려했던 것은 행정개혁이 처음에는 요란하다가 결국 없었던 것으로 되어버리지나 않을까 하는 것입니다. 중단 없는 개혁을 건의하면서 일선 행정기관에서 진정으로 의식 있는 공무원들이 느끼는 공통사항을 알려드리겠습니다.

조직개편 작업이 후퇴해서는 안됩니다. 40년 만에 진정으로 공무원 조직의 체질을 바꿀 수 있는 기회입니다. 개혁이 주창되었을 때 직원들의 반응은 무척 냉소적이었습니다. "하다가 말겠지"라는 태도가 많았습니다. 벌써부터 많은 저항과 반발이 나타나고 있습니다. 어떻게 하더라도 반발은 있습니다. 공무원 수를 늘리지 않는 한 계획대로, 가능하면 신속하게 추진해야 개혁은 성공합니다.

계장보직을 실질적으로 폐지해야 합니다. 행자부의 지방행정조직 개편지침과는 달리 현재 계장보직에 있는, '대한민국에서 가장 편한 자리'로 불려지는 사람들의 결재권을 없애고 실무에 투입해야 합니다. 물론 지침에는 그렇게 되어 있습니다.

중앙부처의 경우 말만 'ㅇㅇ담당'이라고 해놓고 실제로는 'ㅇㅇ계장'으로 직원들이 호칭하며 결재도 한다는 사실을 확인했습니다. 중앙부처는 업무의 성질상 계장이라도 일을 하지 않을 수 없는 형편이지만 일선 지방행정은 단순 업무이므로 계장이 할 일이 거의 없습니다. 줄어드는 10%의 인력은 계장들을 실무자로 전환함으로써 사실상 보충이 됩니다.

지침대로 반드시 '계' 제도를 폐지해 주세요. 오전에는 신문 보고 오후에는 직원에게 잔소리하고 은행 심부름 시키고…. 8, 9급 직원들의 하소연입니다. 어떤 계는 직원 1명에 계장 1명입니다. 계장 심부름하랴, 일하랴, 계장이 도움이 되지 않습니다.

어떤 자치단체는 4년 내지 5년 만에 7급에서 6급(계장) 승진이 된답니다. 24살에 7급 공채로 들어와서 30살이면 평생 동안 도장만 찍으며 편하게 살아갈 수 있다는 결론이 나옵니다. 저는 26살에 7급 공채로 들어왔습니다. 인사적체가 된다 해도 몇 년만 참으면 '대한민국에서 가장 편한 직업, 구청 계장'이 되는 것입니다.

어쨌든 기초자치단체의 6급직을 실질적으로 실무에 투입시켜 폭증하는 지방업무를 맡도록 하고 권위의식과 타성에 젖은 공직 분위기를 쇄신하여주시기 바랍니다.

하드웨어의 개혁과 동시에 소프트웨어의 개혁도 조기에 실시되어야 합니다. 행정조직에 개혁의 엔진을 달아야 합니다. 구조만 개혁되면 절대 오래 가지 못합니다. 즉 공무원이라고 모두 조직개편과 인력감축을 싫어하는 것이 아닙니다. 조직 내에서도 애국심에 불타고 자신의 기득권이 줄어들더라도 개혁을 원하는 세력이 있습니다.

그래야 조직이 스스로 개혁을 지속적으로 이끌어 갈 수 있습니다. 행정개혁의 성패는 저항을 얼마나 효과적으로 극복하느냐에 달렸습니다. 그러기 위해서는 경쟁원리의 도입이 중요합니다. 정년을 줄이고 비리를 캐고 해봤자 인력은 감축할지언정 조직의 활기는 살아나지 않습니다.

스스로 경쟁에서 떨어지고 한계를 느낄 때 낙오되면, 스스로 노력하는 사람만 남게 되고 인력감축은 자연스럽게 됩니다. 목표관리제, 점수제 등 성과주의 제도를 도입중인 것으로 알고 있으나 평가기법상 객관적일 수 없고 공무원의 특성상 제대로 활용되지 않을 가능성이 많습니다. 선진국에서도 도입해서 흐지부지되었습니다.

따라서 다양한 평가를 실시해야 합니다. 성과주의 제도는 예정대로 도입하되 다양한 기법을 도입해야 합니다. 최소한 10%는 공개경쟁시험을 통하여 승진시켜야 합니다. 시험이 전부는 아니지만 공직에 들어와서 최소한 한 번은 시험을 통하여 승진해야 합니다. 공무원 사회에서 남보다 빨리 승진하는 방법은 윗사람에게 잘 보이고 요직 부서로 옮기는 방법 외에는 아무것도 할 수 없습니다.

제가 처음 공직에 들어와서 공부도 하고 새벽에 학원도 다니고 저녁에 대학원도 다니고 했는데 주위의 동료, 일반인, 심지어 가족들까지도 "공무원이 왜 공부하느냐"며 의아하게 생각하는 사람들이 많았습니다. 공무원은 그냥 '대과(大過) 없이' 지내야 하고 너무 튀면 손해 본다고 저와 친한 선배 공무원들이 충고를 해줬습니다.

또한 6개월 간의 해외연수 시험에 합격했을 때 저와 친한 동료들은 해외에 갔다 오면 승진에서는 손해 본다고 걱정을 하여 많은 갈등을 겪기도 했습니다. 저는 공무원 사회가 일반 사회와 동떨어진 외계인 사회 같다는 느낌을 받았습니다.

그래서 '개혁은 상식이 통하는 사회를 만드는 것', '개혁은 잘못된 것을 바로 잡는 것'이라는 국민의 정부의 말을 믿고 한번 더 희망을 가져보겠습니다만, 개혁이 후퇴한다면 저는 전직을 할 수밖에 없습니다. 더 나은 저의 미래를 위하여.

사무관 승진에 최소한 10%는 공개경쟁시험을 도입하십시오. 지방 행정기관에는 7급 승진부터 단체장 및 간부들의 영향력이 작용하며 특히 사무관은 지방공무원 평생의 꿈입니다. 한마디로 심사제로만 하니까 그야말로 가관입니다. 로비의 귀재만이 승진합니다.

묵묵히 일하며 윗사람 안 찾아가고 나름대로 열심히 공부하는 사람들을 구제하기 위해서도 최소한 10%만은 공개경쟁시험을 의무화해야 합니다. 그렇지 않으면 인사위원의 50% 이상을 외부인으로 하고 승진 대상자들을 참석시킨 가운데 공개심사를 해야 합니다.

평생 시험 한 번 치르지 않고 퇴직까지 갈 수 있는 직업이 어디에 있습니까. 옛날 국어 · 수학 · 국사 시험 치르고 공무원이 돼서 기본적인 행정이나 법에 대한 개념없이 어떻게 공무를 처리할 수 있겠습니까.

행정자치부의 개혁지침에 나타난 조직개편 방향이 가장 정확합니다. 오히려 빨리 추진되어야 합니다. 공무원들 간에 '솔직히 말하면' 이라는 단서를 달면서 현 공무원의 20~30%는 줄여도 된다는 말을 5년 전부터 저는 들었습니다.

특히 대도시의 동은 전혀 필요가 없습니다. 5,000명 이하, 1만 명 이하로 단계적으로 줄이기보다는 전면적으로 폐지해야 합니다. 단계적으로 폐지하게 되면 2중, 3중으로 하게 됩니다. 일선 공무원들에게 무작위로, 수시로 반응을 파악하여 집단저항을 사전에 차단해야 합니다.

지금까지 제가 드린 말씀은 정상적으로 공무원 생활을 하고 있는 직원들의 솔직한 의견임을 말씀드립니다. 2차 행정조직 개편도 강력하게 추진하여 주시고 행정자치부가 개혁한 만큼 지방자치단체도 개혁이 될 수 있도록 최선을 다하여 주시기 바랍니다.

젊은 공무원들을 중심으로 개혁을 지지하는 공무원들이 의외로 많다는 사실을 알려드립니다."

도장만 찍는 자리는 필요없다

실제로 지방행정조직 개혁과정에서 지방공무원 6급이 맡고 있는 구·시·군의 계장직제 폐지가 지방관가에서는 가장 큰 관심사항이었다.

중앙부처의 경우 5급 사무관이 정책입안 단계에서의 실무자로서 핵심적인 역할을 담당하고 있다면, 지방의 경우는 6급이 그 역할에 해당된다고 볼 수 있다.

그런데 이들 6급 계장직이 실무에서는 조직의 관리자 측면만 강조되는 형태로 변질되어 규정상 실제 책임은 없으면서 도장 찍는 자리로 인식되어 왔다. 그래서 이번 개편과정에서 계장직제를 폐지하고 대국대과(大局大課)주의 및 팀제를 도입해서 조직단계를 축소하고 조직운영의 생산성을 높이도록 했던 것이다.

5급 사무관 승진제도는 정부부처나 지방자치단체 공히 심사제와 시험제를 기관장이나 자치단체장이 재량을 갖고 선택적으로 실시토록 하고 있는데 대다수 지방자치단체에서는 심사제를 채택하고 있는 실정이다.

과거 시험제를 실시할 때는 승진 시기가 되면 업무를 내팽개치고 시험준비에만 매달리고 시험과목이 실제 업무와 괴리되는 폐단이 있는 반면, 심사제의 경우는 공정성을 기하기 어렵다는 지적이 있어 온 것이 사실이다.

그러나 앞으로 목표관리제나 점수제 같은 제도가 도입되고 정착되어 간다면 이러한 문제점은 상당히 해소되어 갈 것으로 기대된다.

골즈워디와 행정개혁

영국 행정개혁에 대해서는 찬반양론이 있지만 비교적 성공한 것으로 평가받는다. 영국은 우리처럼 76년 IMF의 구제금융을 받으면서 불어닥친 경제위기를 극복하기 위해 행정개혁을 추진했다는 점에서 시사점이 크다.

영국 행정개혁의 실무 책임자인 다이애나 골즈워디 여사를 만날 기회가 있었다. 정부가 우리 실정에 맞는 영국의 행정개혁 방식에 대한 자문을 받기 위해 초청한 것이다. 나와 동갑인 골즈워디 여사는 검소한 옷차림에 강건하게 살아온 분위기가 온 몸에서 풍기는 그런 여성이었다.

현재 영국 정부의 개혁 및 평가 컨설턴트로 일하는 그녀는 국방부에서 오래 근무했으며, 88년 영국 수상실에 설치된 2단계 행정개혁팀인 '넥스트 스텝스(Next Steps)' 의 창설 멤버로서 개혁을 이끌고 있다.

영국 행정개혁에 대해서는 찬반양론이 있지만 비교적 성공한 것으로 평가받는다. 영국은 우리처럼 76년 IMF의 구제금융을 받으면서 불어닥친 경제위기를 극복하기 위해 행정개혁을 추진했다는 점에서 시사점이 크다.

'작은 정부'가 아름답다

특히 70년 집권한 마거릿 대처 수상은 신념과 강력한 리더십으로 개혁을 이끌었다. 대처는 개혁의 브레인으로 '능률성 진단팀 (Efficiency Unit)'을 만들고 마크 & 스펜서 백화점 사장인 데레크 레이너 경을 고문으로 영입했다.

그는 '작은 정부 만들기'를 기치로 설고 봉급체계, 사회보장비, 퇴직연금제 등을 분석하고 공무원 개인의 능률과 생산성을 측정했다. 그리고 5년 내 10만 명의 공무원을 감축한다는 결론을 내렸고 실행에 옮겼다.

영국 정부는 여기에서 만족하지 않고 2단계 전략인 '넥스트 스텝스'를 수립했다. 핵심은 공무원 수를 20% 더 줄이겠다는 것이다. 이에 따라 관공서의 경비, 관리, 청소 등을 민간에 위임했고, 왕립조선소와 조달청 등을 민간기업에 경매 처분했다.

또 철강, 석탄, 통신, 전기, 가스, 수도, 철도 회사 등 대부분 공기업이 민간으로 넘어가서 이곳에 속했던 공무원 가운데 75%가 민간기업 종사자로 신분이 바뀌게 됐다.

영국은 공무원을 무조건 내보내는 대신 정부사업의 민영화와 함께 민간기업에 재취직하도록 보장해준다. 즉 경쟁력 있는 부문으로 옮겨 주는 것이다.

영국 정부의 개혁이 진전되면서 공무원 수는 당초 73만 명에서 50만 명 미만으로 줄었다. 그러나 공무원들의 파업으로 거리에 쓰레기가 넘치고 장례식조차 치르지 못하는 등 홍역을 치르기도 했다. 공무원들의 이기주의가 적나라하게 노출됐는데 이것이 오히려 개혁에 박차를 가하는 계기가 됐다.

골즈워디 여사가 주도했던 '넥스트 스텝스'에서는 행정서비스사업소 제도와 마켓 테스팅 등의 새로운 방식이 도입됐다. 행정서비스사업소 제도는 행정의 집행 기능을 정책입안 기능과 분리해 민영화한 것이다. 계약직인 사업소장은 인사, 예산 등에서 독자적인 재량권을 갖고 능률과 생산성에 대한 책임도 함께 지게 된다.

골즈워디 여사는 이 제도를 통해 운전면허시험 대기 기간을 13주에서 6주로, 여권발급 기간도 3.5주에서 8일로 줄였다고 자랑했다. 우리의 경우 부처 간의 전산망 공동이용으로 여권은 신청 후 24시간이면 발급되는 등 영국보다 행정 효율면에서 앞선 점이 많다.

개혁착수 당시의 영국은 복지비용의 과다 지출로 인해 '영국병'이라고 불리던 후유증을 앓고 있었다. 또 대런던의회(Great London Council)는 효율적인 시정관리에 많은 문제점을 드러냈다.

영국 행정개혁의 특징과 성공 비결은 개념적인 종합계획을 수립하기보다는 실천 가능한 일을 하나씩 점진적으로 추진했다는 것이다.

79년 정부조직 내부의 효율성 검토를 시작으로 82년에는 개정관리안을 만들어 재정개혁을 단행했다. 88년에는 행정서비스사업소를 도입했고 91년에는 시민헌장을 제정했다.

개혁 프로그램의 성공을 위해서는 엄격한 관리도 필수적이다. 영국은 3개월 단위로 일정한 기준을 만들어 추진상황을 점검했다. 특히 자료만 보고하는 점검이 아니고 실무자가 직접 눈으로 확인한 사실에 근거해 검증하는 방식으로 해나갔다.

골즈워디 여사는 "정부개혁 없이 사회개혁이나 경제개혁을 바라는 것은 무리고 공공부문의 혁신이 모든 개혁 중에서 가장 중요하다"고 강조했다. 또 "행정개혁의 가장 큰 적은 쓸데없는 과정과 절차를 중시하는 관료주의이며 국영산업의 민영화와 행정공무원 숫자의 감축이 필수적"이라고 말했다.

치음 개혁을 추진하는 동안 공직사회의 동요와 반발이 있지만 본궤도에 접어들면 공무원들이 더욱 의욕을 가지고 신바람 나게 일한다는 것이다. 실제 영국의 공무원들은 중앙의 일방적 지시에 좌절을 느끼고 있었던 만큼 개혁을 통해 실무자들이 재량권을 갖게 되자 오히려 좋아했다고 한다.

개혁은 점진적으로

한국의 현 상황에 대해 그녀는 "IMF 관리체제가 오히려 개혁을 위한 좋은 기회이며 평소에는 하지 못하는 일을 할 수 있는 계기라고 생각한다"며, "실천하지 못할 거창한 개혁안만 세우지 말고 실제로 조그만 것이라도 개혁을 이행함으로써 국민이나 공무원들이 무언가 바뀌었다는 느낌을 갖게 하는 것이 중요하다"고 충고했다.

영국 경제는 90년대 초반부터 되살아나기 시작해 다른 유럽 국가와는 달리 다시 일어서고 있다. 요즘은 프랑스에서도 일자리를 찾아 영국으로 건너가는 젊은이들이 많아졌다고 한다. 여기에는 행정개혁을 통해 사회 전체의 분위기를 일하는 분위기로 바꾼 영국 정부의 개혁이 한몫을 했다.

골즈워디 여사는 "개혁이란 한꺼번에 모든 것을 바꾸는 게 아니라 점진적으로 해나가야 하며 사회 구성원들의 태도변화를 통해 지속적으로 이뤄져야 한다"고 했다. 실제 영국 정부의 개혁작업은 20년 가까이 계속되고 있다.

영국은 정파 간의 이해관계에 따라 이합집산이 심한 내각제 국가이다. 어떤 총리들은 재임기간을 1년도 못 넘긴 채 단명하고 말았다. 그러나 개혁을 추진하면서 대처 총리는 11년간 수상자리에 머물렀고 후임 존 메이저 총리도 5년 이상 재임하는 등 보수당이 17년 가까이 정권을 잡았다.

노동당 출신의 토니 블레어 총리 역시 공기업의 민영화 조치를 수용하고 사회복지를 축소하며 노조의 정치 간섭을 배제하는 등 보수당의 노선을 그대로 따르고 있다.

우리는 영국의 개혁 경험을 통해 몇 가지 교훈을 얻을 수 있다.

우선 비대해진 공공부문을 축소하는 과정에서 점진적으로 처리해 공무원의 직장을 보장해주고 실업에 따른 사회적 위험을 줄였다는 것이다. 또 철저한 점검을 실시해 개혁의 성과가 뿌리내리도록 한 것도 참고할 만한 것이었다.

그러나 우리의 개혁전략은 영국처럼 단계적일 필요는 없다고 본다. 우리가 도입하려는 책임운영기관제(Agency)나 서비스헌장제 등 여러 가지 제도가 영국에서 이미 시도해보고 성과와 문제점이 검증된 것이기 때문이다. 우리의 경우에는 오히려 정권 초기에 종합적이고 보다 과감한 개혁전략을 추진해 나가는 것이 유효하다고 생각한다.

주인을 잊은 공복

나와 소속 직원들 모두의 주인은 바로 국민이다. 나를 비롯한 전 공무원은 국민과 국민의 복리를 극대화하라는 국민의 요청을 받아 일하고 있는 국민의 대리인에 불과하다. 다시 말하면 공무원은 상전이 아니다.

가령 인구 10만 명인 지방자치단체의 장이 선심 행정으로 10억 원의 세금을 100명의 지역 유지에게 나눠주는 가상의 경우를 생각해 보자.

지역 유지들은 일인당 1천만 원의 혜택을 누리는 반면 이들을 제외한 나머지 지역주민들은 일인당 약 1만 원이 넘는 손실을 보게 된다.

문제는 이 100명의 유지들은 다음 선거에서 현 단체장의 든든한 지원자로 나서겠지만 나머지 9만9천9백 명의 유권자들은 1만 원의 손해를 본 사실을 모르는 경우가 대부분이고 설령 안다고 해도 그 돈의 규모가 미미하기 때문에 이를 크게 생각하지 않는다는 것이다.

문제는 여기에 그치지 않는다. 지역 유지들은 숫자가 적다보니까 효율적이고 치밀하게 움직인다. 반면 다수의 유권자들은 그 수가 너무 많아 하나의 사안을 중심으로 조직화되기도 어렵고 조직화하는 비용도 엄청나다.

따라서 효과적인 로비활동은 소수 지역 유지들의 몫이다. 공청회나 관련 부서의 정책토론회 등 정책결정 과정에서 이들 지역 유지나 업자들의 참여는 적극적이고 공격적이며 집요하다.

보고 듣는 내용이 소수의 계층에게 집중되는 이유로 정치인이나 행정당국은 이들 일부 계층을 중심으로 정책을 펼칠 가능성이 크다. 여기에 뇌물성 로비까지 가세한다면 결과는 자명하다.

완장을 차면 주인을 무시하는 대리인

장관이 막 되었을 무렵 나는 IMF 경제를 주제로 한 토론회에 참석한 적이 있다. 이날 주제발표에 나선 한 경제학자는 '주인—대리인'이라는 경제이론을 간단히 소개하였다. 상식에 기초하였음에도 불구하고 현실 설명력이 뛰어난 이 이론에 나는 깊이 공감하였다. 이론의 내용은 다음과 같은 것이었다.

주인은 자신의 이익을 대변할 대리인을 선출하거나 선임한다. 대리인은 주인의 이익을 극대화하기 위해 열심히 일하겠다고 맹세하면서 대리인의 자리에 오른다. 그러나 문제는 그 이후다.

일단 자리를 차지한 대리인은 더 이상 주인의 이익을 극대화하지도, 대변하지도 않는다. 대리인은 바로 대리인 자신의 이익을 극대화하는 데 여념이 없을 뿐 주인을 잊은 지 오래다. 주인은 대리인의 이같은 행태를 정확히 알지도 못할뿐더러 설령 안다고 하더라도 여러 가지 이유로 대리인을 즉시 퇴출시킬 수도 없는 상황에 놓인다.

예를 들자면 국회의원의 주인은 국민과 지역유권자다. 국회의원은 국민과 지역주민의 이익을 극대화하고 대변하기 위해 열심히 노력하겠다고 맹세하면서 이들의 대리인으로 선출된 사람이다.

그러나 일단 국회의원이 되고나면 사정은 달라진다. 국회의원은 자신을 뽑아준 국민과 지역주민이 아닌 국회의원 자신의 이익을 극대화하기 위해 정신이 없다. 국회의원의 행동목표는 단 한 가지, 바로 다음 선거의 당선확률을 높이는 것이다. 따라서 공천에 관계된 일이나 지역 유권자들의 득표 활동에 관련된 일에는 아주 열심인 반면 그 이외의 사안에는 몸을 사리며 소극적인 경향을 보인다.

물론 이론과는 달리 주인의 이익을 위해 밤낮으로 뛰어다니는 훌륭한 정치인도 많다. 그러나 지방의 선심성 행정이나 각종 이권사업의 발주 또는 민원의 해결방식에서 우리는 이 같은 경우를 자주 접하게 된다.

관료의 행태 또한 이 이론으로 해석할 수 있다고 본다. 관료의 주인 또한 국민이다. 국민의 이익을 대변하고 극대화하라는 막중한 임무를 국민으로부터 부여받고 국민의 대리인에 임명된다.

그러나 일단 관료가 되고 나면 승진이나 자신의 보직 관리를 극대화하기 위해 움직인다. 관료에게 국민은 더 이상 주인이 아닌 피곤한 존재가 되고 만다.

물론 극단적인 예이지만 이해가 가지 않는 것은 아니다. 우리나라의 관료는 너무 주인을 잊고 지낸다. 위로 쳐다만 볼 뿐, 아래로는 눈길조차 보내길 꺼린다. 밑으로 내려다보는 국민이 오히려 상전이고 조직서열상의 상관은 자신과 동일한 국민의 대리인임을 망각하는 것이다.

자신의 이익을 극대화하기 위해 노력하다 보니 주인인 국민의 이익과는 멀어지는 행태가 허다하게 드러난다. 부정부패, 보신주의, 직무유기, 태만 등 모든 문제는 바로 주인의 이익이 아닌 자신의 이익을 극대화하는 데서 나온다.

국민의 자리가 제일 높다

이 같은 문제를 어떻게 해결할 것인가. 방법은 의외로 간단하다.

대리인의 이익을 주인의 이익과 일치시킬 수 있도록 적절한 유인책을 마련하는 것이다. 아울러 대리인이 주인의 이익이 아닌 자신의 이익을 극대화하기 어렵게 감시하고 감독하는 모니터링을 강화하는 것이다. 대리인을 감시, 감독하는 데는 시민사회의 성장이 필수적이다.

오늘날 사회구조에 대해 한 학자는 이렇게 설명한다. 과거에는 위계질서가 강한 관료집단이 피라미드를 형성하고 국민이나 기업은 아래에서 이 구조물을 떠받치는 벽돌 한 장쯤으로 여겨졌다.

그러나 선진사회의 바람직한 사회구조는 세발자전거에 비유할 수 있다. 앞바퀴는 기업이요, 뒤의 두 바퀴는 중앙정부와 지방정부다. 즉, 기업이 마음껏 전진할 수 있도록 정부는 뒤에서 받쳐주는 것이다. 그리고 자전거의 안장에는 시민사회, 즉 국민의 자리가 마련된다. 국민들이 진정한 주인이다.

일전에 어느 대기업은 내부기구표를 만들면서 사장의 윗자리에 소비자인 고객을 그려 넣었다고 한다. 정부도 조직도를 그린다면 대통령의 윗자리에 넓은 칸이 마련되어야 할 것이다. 바로 국민의 자리이다.

이 나라가 정치인의 세상, 공무원의 세상이 되어서는 미래가 없다. 모든 이익은 주인인 국민에게 효과적이고 투명하게 귀속되는 그런 세상이어야 한다. 중앙정부, 지방자치단체, 정부산하단체 및 모든 공기업에서 주인을 까맣게 잊은 공복들을 발붙일 수 없도록 해야 한다.

나는 행정자치부를 책임지고 있는 장관이다. 그렇다고 내가 행정자치부 직원들의 주인은 아니다. 나와 소속 직원들 모두의 주인은 바로 국민이다. 나를 비롯한 전 공무원은 국익과 국민의 복리를 극대화하라는 국민의 요청을 받아 일하고 있는 국민의 대리인에 불과하다.

다시 말하면 공무원은 상전이 아니다.

3

똑똑하기보다는
친절한 편이 낫다

한 지붕 두 가족

두 부처가 합쳐졌으니 내부 결속이 무엇보다 중요하다. '한 지붕, 두 가족'이 오순도순 살기 위해서는, 아니 진정한 한 가족이 되기 위해서는 화합이 절대 필요하다. 그러나 그것이 말처럼 쉽지는 않다.

구 내무부와 구 총무처가 합쳐져 행정자치부란 거대 부처가 탄생했다. 행자부는 우리나라 전체 공무원 중 가장 많은 인원이 속해 있으면서 중앙조직과 인사, 지방자치단체 지원, 정부 의전, 재난관리, 그리고 소방·치안 업무까지 관장한다. 그래서 정부 조직개편 당시 행정자치부의 탄생에 대해 못마땅하게 생각하고 막대한 권한을 가진 '공룡 부처'라는 비판 의견도 많았다.

과거 내무부는 지방자치단체의 원성을 한 몸에 산 원부(怨部)였다. 업무 협조를 부탁하면 일단 안 된다는 소리부터 하면서 모든 일에 일일이 간섭했다. 또 격려는 못할망정 잘못했다고 꾸짖거나 권위를 세우던 곳이다.

총무처도 마찬가지로 중앙부처의 모든 일에 감 놔라 배 놔라 하는 역할이었다. 두 원부가 통합되었기 때문에 잘못되면 공룡처럼 커다란 원부가 될 수밖에 없는 것이 행정자치부의 입지다.

그러나 과거의 양 부처가 어떤 역할을 했던지 간에 행정자치부란 새로운 얼굴로 탄생한 만큼 통합의 시너지 효과를 발휘해 모든 공무원과 국민들로부터 신뢰와 사랑을 받는 부처가 되도록 각고의 노력을 해야 한다.

두 부처가 통합됨으로써 갖는 장점이라면 내무부는 지방자치단체의 조직과 인사를, 총무처는 중앙정부의 조직과 인사를 관리했는데 이를 연계시켜 전체를 효율적으로 관리·평가할 수 있게 됐다는 것이다.

대신 행자부가 과도한 권한을 행사하는 것을 예방하기 위해 과거 양 부처의 업무를 대거 지방자치단체와 각 부처로 넘겨주고 인력과 기구를 축소해서 행정의 효율성과 생산성 향상을 위한 지원 역량을 강화해 나간다면 국가권한의 중앙집중 때문에 생긴 그동안의 원성은 많이 감소되리라 생각된다.

중앙부처의 지방 관련 사무 9,000여 건 가운데 굳이 중앙에서 처리할 필요가 없는 주민생활 관련 사무를 가려 우선 약 1,400건 정도의 사무를 지방자치단체로 넘겨주는 작업을 추진하고 있고, 앞으로도 지속적으로 추진할 예정이다. 이러한 작업을 효과적으로 강력하게 추진하기 위해 중앙권한의 지방이양 촉진에 관한 법률 제정을 추진 중에 있다.

과거에도 중앙권한의 지방이양 작업이 구 총무처와 내무부 주관으로 계속 추진됐으나 각 부처에서 소극적으로 대응해 지방의회가 구성된 91년 이후 지금까지 8년 동안 지방에 이양된 사무건수가 900

여 건에 불과하다.

예를 들어 구 총무처의 업무 중에는 다른 부처에서 관용차를 한 대 사더라도 차종이나 배기량까지 일일이 간섭하기도 했다. 이런 부분은 각 부처나 자치단체에 충분히 자율권을 주고 잘못된 판단을 했을 경우 감사나 예산조정권을 통해 해결하면 된다.

이처럼 각 부처와 자치단체에 권한과 기능을 상당 부분 넘겨주고 나면 과거 내무부와 총무처의 병폐로 지적됐던 군림하는 행정, 간섭하는 행정은 많이 개선될 것이다. 규제를 풀고 권한을 최대한 넘겨주는 대신 감독 및 조정기능은 강화하는 방향으로 갈 것이다.

그동안 지방자치제를 실시해본 결과 자치단체들의 지역이기주의 때문에 자기 지역에 유리한 일만 하고 불리한 것은 무조건 거부하는 등의 부작용이 많았다. 이같은 자치단체 간의 마찰을 국익 차원에서 원만하게 조정하고 지원하는 역할이 갈수록 중요해질 것이다.

무조건 규모가 크다고 해서 막연히 '공룡 부처'라고 판단하는 것은 옳지 않다. 이제는 부처 운영을 기능과 시스템이란 관점에서 접근해야 한다.

처음엔 인위적일 수밖에 없는 부서 통합

두 부처가 합쳐졌으니 내부 결속이 무엇보다 중요하다. '한 지붕, 두 가족'이 오순도순 살기 위해서는, 아니 진정한 한 가족이 되기 위해서는 화합이 절대 필요하다. 그러나 그것이 말처럼 쉽지는 않다. 심지어 언젠가는 내무부와 총무처가 다시 분리될 것이라는 이야기를 하는 사람도 있다.

일단 오랜 시간을 두고 내려온 조직문화의 차이가 화합을 어렵게 한다. 내무부가 선이 굵고 남성적이라면 총무처의 분위기는 세련되고 치밀하다고나 할까. 또 매사에 편 가르기를 좋아하는 우리의 조직문화도 화합을 방해하는 데 한몫 거들고 있다.

나는 부처 출범이후 과거 양 부처의 교차인사를 통해 화합하는 분위기를 만들고 행자부의 새로운 조직문화를 만들고자 했다. 행자부는 과거의 권위적 모습 대신 친절하고 스마트한 조직으로 다시 태어나야 한다.

그러나 출범직후 실시한 첫 인사에서는 중복 부서를 제외하고는 대체로 손을 대지 않았다. 서로가 과거 상대 부처의 업무파악이 제대로 안 된 데다 나 스스로도 직원들 개개인에 대해 잘 모르기 때문에 무조건 조직을 흔들어놓기보다는 최대한 안정시키는 것이 필요했다.

그래서 인사방식을 1대1의 지그재그 식으로 했다. 국장이 총무처 출신이면 주무과장은 내무부 출신, 국장이 내무부 출신이면 주무과장은 총무처 출신, 이런 식이었다. 방 배치도 내무부와 총무처 출신 국장이 같은 부속실을 쓰도록 했다.

두번째 인사에서는 과거 양 부처의 화학적 결합을 위해 대폭적인 혼합인사를 단행했다. 구 내무부 출신은 총무처 보직으로, 총무처 출신은 내무부 보직으로 발령을 냈다. 교차율이 60%에 이르렀다.

그런데 이 과정에서 일부 반대의견도 있었다. 이유는 업무의 혼선이 일어난다는 것이다. 물론 업무마다 나름의 전문성과 노하우가 필요하므로 일리 있는 측면이 있다는 생각도 들었다. 그래서 구 내무부의 지방세제, 지적, 소방업무 같은 전문성이 많이 요구되는 분야는 혼합인사를 최소화했다.

두번째 인사에 앞서 인사담당 부서로 하여금 전 직원들에게 자신의 희망부서와 인사기준에 대한 의견을 받도록 했고, 인사 실시 후에도 직원들의 인사 만족도 조사를 실시해서 그 결과를 공개토록 했다. 두 번에 걸친 인사가 비교적 무리 없이 새로운 조직문화를 만들어가고 있는 것으로 평가되고 있으나 완전한 한 조직으로 결합되기까지는 많은 시간과 노력이 필요할 것이다.

양쪽에서 비난하니 그나마 다행

두 부처가 합친 뒤 얼마 안돼서 국장급인 정부전산정보관리소장 자리가 비었다. 옛날 총무처 자리인데 간부들에게 적임자를 추천하라고 했더니 구 내무부와 총무처에서 각각 한 사람씩을 추천했다. 양측이 합의해서 올리라고 했더니 거의 한 달이 다 가도록 결론을 내지 못했다.

명색이 한솥밥을 먹는 행정자치부 안에서조차 '우리 사람, 상대편 사람'을 가르는 파벌주의가 엄존하고 있었던 것이다. 두 부처가 합치는 것도 이렇게 어려운데 동서화합이나 남북통일은 얼마나 어려울까 하는 생각이 들었다.

이렇다 보니 인사를 할 때마다 말이 많았다. 국장급 승진 1순위인 총무과장 보직에 구 내무부 사람을 임명했더니 "장관이 너무 내무부만 챙기는 것이 아니냐"고 했다. 또 다른 보직에 총무처 출신을 쓰면, 내무부 쪽 인사들로부터 "총무처 편만 든다"는 불평이 쏟아져 나왔다.

옛 총무처 보직인 공무원연금관리공단 이사장에 내무부 차관 출신이 임명되자 총무처 사람들은 "우리 총무처는 설 자리도, 앉을 자리도 없다"면서 야단들이었다. 이런 일이 생길 때마다 초기에는 양 부처 출신 간부들이 자신들의 수장 격인 차관보와 기획관리실장 방에 각각 모여서 회의를 한다는 이야기도 들렸다.

그래서 나는 이렇게 말하곤 한다. "뭐 하나 할 때마다 내무부, 총무처가 서로 상대편으로 기울어졌다고 하는 것을 보니 실제로는 인사가 공평하게 된 것이 아니냐. 그러니까 기왕이면 우리 내무부, 총무처를 더 챙겨준다고 말해달라"고 뼈 있는 농담을 던진다. 참으로 어려운 일이 아닐 수 없다.

그동안 정부조직 개편으로 부처 간에 통폐합이 이루어지는 경우가 종종 있어왔다. 성공적인 조직개편이 되려면 조직의 관리자가 지속적인 관심을 갖고 조직문화를 변화시키려는 끊임없는 노력을 기울여야 한다는 것을 느끼게 된다.

인사는 만사

앞으로 공직사회의 인사제도는 어떻게 바뀌어야 할까. 나는 개방, 경쟁, 인센티브에 중심을 두어야 한다고 생각한다. 이 세 가지 요소는 서로 별개의 가치를 갖기보다는 서로 연계되어 궁극적으로 정부의 생산성 제고에 기여하는 것이다.

인사는 만사라고 했다. 중요성과 어려움을 동시에 나타내는 말이다. 다산도 『목민심서』에서 용인(用人)을 강조하면서 '사람을 잘 쓰는 것이 행정의 시작이요, 끝'이라고 했고 이율곡 선생도 용현(用賢)을 강조하셨다.

나는 장관 취임 이후 인사를 둘러싸고 많은 일을 겪었다. 조직을 줄이고 사람을 자르는 시기에 장관직을 맡다보니 말 못할 고민도 많았다.

초기에는 고위직 공무원들을 대거 물갈이했다. 현행 국가공무원법상 1급 공무원은 신분이 보장되어 있지 않다. 1급 공무원이 보직을 받지 못할 경우 6개월이 지나면 자동 면직된다.

행자부 출범 초기 양 부처가 통합되면서 인원은 많고, 자리는 줄어든 상태에서 인사 숨통을 틔우기 위해 1급 공무원의 퇴진이 불가피했다.

또 공무원을 10% 이상 감축해야 하는데 정년을 얼마 안 남긴 고위 공무원들이 후배들을 위해 양보할 수밖에 없는 상황이었다.

결국 행자부 내 1급 14명 중 40년생 이상인 7명이 용퇴했다. 이과정에서 진통도 있었다. 소속기관의 한 고위공무원은 끝까지 사표 제출을 거부했고, 나중에는 산하기관의 임원 자리를 보장해 달라고 요구했다.

공직생활을 마무리하는 입장에서 그냥 물러나는 것이 아쉽겠지만 대다수 국민과 공무원들이 고통받고 있는 상황에서 좀 더 대국적인 자세를 가져주기를 바란 것은 나의 지나친 욕심이었을까.

행자부는 두 차례에 걸친 조직개편을 단행하면서 많은 공무원들이 대기상태에 놓여 있게 됐다. 구 내무부와 총무처를 합친 행자부 본부의 총인원이 975명이었는데 행자부 출범 이후 855명으로 줄었고 2국 5과를 다시 줄이는 2차 조직개편으로 인해 다시 804명으로 줄었다.

보직 대기자는 2차 조직개편 직후 국장급 11명, 과장급 20명을 포함해 145명이나 됐다. 특히 본부 국장은 10명에 불과해 국장급 공무원의 경우 절반 이상이 밀려난 셈이다. 가슴 아픈 일이지만 대기 상태로 있다가 99년 상반기까지 보직을 받지 못하면 직권면직 대상이 된다.

공무원은 법적으로 신분이 보장돼 있으므로 함부로 내보낼 수도 없다. 과거 사례를 보더라도 80년에 정권을 잡은 신군부가 당시 8,000여 명의 공직자를 잘랐다가 그 후 소송에서 패소해 그동안의 봉급을 모두 주고 복직시키는 등 엄청난 혼란을 겪었다.

가슴을 울리는 딱한 사연들

공무원으로 임용되기 전 또는 임용 후에 결격사유가 있는 공무원들을 해임하는 과정에서도 큰 진통을 겪었다. 신정부가 출범한 뒤 얼마 안돼서 공무원 임용 전에 형사처벌을 받았거나 재직 중 잘못으로 공무원으로 임용될 수 없는데도 계속 공직에 있었던 2,400여 명에 대한 정리방침이 내려졌다.

당시 대상자가 된 한 교사는 교원 임용 전 닭서리를 한 것이 문제가 돼 정년을 얼마 안 남겨두고 불명예퇴직하게 되자 자살하는 사태도 빚어졌다. 이들은 공무원 임용취소 대책위원회를 구성해 연일 정부청사와 국민회의 당사 앞에서 농성을 벌였다.

한번은 대책위 대표 5~6명이 나를 찾아와 눈물을 흘리며 하소연한 적이 있다. 그들의 이야기를 들어보니 딱한 사연이 많았다. 또 이 문제는 임용 당시 자격여부를 신원조회를 통해 제대로 검증하지 못한 정부의 잘못도 있었다. 당시 신원조회가 제대로 됐더라면 다른 직업을 선택할 수도 있었을 것이다. 정부의 역할 중에는 소외된 계층을 돌보는 것도 있는데 하물며 정부로 인해 억울한 사람이 있어서는 안 되겠다고 생각했다.

나는 그들에게 "여러분의 입장에서 문제를 풀도록 노력하겠다. 그러니 여러분도 정부의 입장에서, 또 장관의 입장에서 이 문제를 생각해 달라"는 말로 위로 겸 부탁을 했다.

이들은 전원 복직을 원하고 있었지만 그 이전에 이미 수천 명이 같은 이유로 공직을 떠난 적이 있었다. 더욱이 아무런 결격 사유가 없는 공무원들도 정부의 구조조정으로 인해 자리를 내놔야 할 형편 이었다.

이들은 일단 내 제안을 받아들여 농성을 풀고 대화로 해결하는 데 합의했다. 나는 간부들에게 정부협상대표단을 구성해 그들과의 대화에 적극 나서도록 했다. 또 "정부가 권한을 가졌으니까 일방적으로 잘라버린다고 생각하지 말고 그들의 입장이 돼서 문제를 객관적으로 보라. 그리고 대화하라. 그들의 명예도 존중하되 다른 공무원들과의 형평성도 신중히 고려하라"고 신신당부했다.

대화가 시작되면서 청사 앞의 농성은 없어졌다. 그리고 여러 차례 협상 끝에 양측이 대체로 만족할 만한 결론을 이끌어냈다. 임용 결격 공무원들은 당초 자신이 불입한 범위 내에서 퇴직금을 받도록 되어 있었다. 그러나 근로기준법을 적용해 최소한 정상 퇴직금을 절반 이상 받도록 했다.

특히 정부의 과실이 큰 임용 전 결격사유자들은 정상 퇴직금의 90%까지 타도록 했다. 그리고 누가 보더라도 억울한 사람은 재임용이 가능하도록 부처별로 재량권을 주기로 했다. 이 일은 정부와 민원인이 문제를 대화로 풀어가려고 노력한 하나의 사례가 될 것이다.

개방, 경쟁 그리고 인센티브

정부 인사의 목적은 공무원들이 최고의 역량을 발휘하도록 해주는 데 있다. 단순히 누구를 승진시키고 누구를 탈락시키는 것이 아니라 우수한 인재를 채용하는 것부터 시작하여 적재적소 배치와 교육훈련 등 재직 중 인사관리, 퇴직 후 생계보장을 위한 연금제도의 운영까지 인사 범위에 들어간다. 즉 공직사회는 인사에서 시작해서 인사로 끝난다고 봐도 과언이 아니다.

그렇다면 앞으로 공직사회의 인사제도는 어떻게 바뀌어야 할까. 나는 개방, 경쟁, 인센티브에 중점을 두어야 한다고 생각한다. 이 세 가지 요소는 서로 별개의 가치를 갖기보다는 서로 연계되어 궁극적으로 정부의 생산성 제고에 기여하는 것이다.

'개방'은 '경쟁'의 전제요건이다. 폐쇄적으로 내부 직원들만을 대상으로 인사가 이루어질 때는 조직의 탄력성이 떨어지고 연공서열에 밀려 경쟁의 원리는 사장될 우려가 크다. 특히 정책결정을 하는 고위직에는 다양한 외부 전문가의 참여가 시급하다.

선진국의 경우 미국은 SES(Senior Executive Service), 영국은 SCS(Senior Civil Service)라고 지칭되는 고급 공무원 계층에 외부 전문가의 영입을 활성화할 수 있도록 별도의 인사관리체계를 적용하고 있다. 우리도 앞으로 계약직으로 공직을 수행하는 개방형 직위를 확대하고 고위직의 경우 직업 공무원과 외부 전문가 가운데 적합한 인물을 발탁하는 고급 공무원단 제도의 도입을 검토하는 등 노력하고 있다.

'경쟁'은 엄정한 평가체제를 통해 촉진되어야 한다. 연공서열 중심의 인사에서 벗어나 실적과 능력의 평가를 토대로 인사를 단행할 때 비로소 경쟁이 싹트기 시작하는 것이다. 공직사회에 경쟁원리를 도입하기 위해 개인별 업무추진 목표를 설정하고, 목표달성도에 따라 실적평가 점수를 부여하는 목표관리제 및 점수제를 실시할 예정이다.

물론 행정 분야에 목표관리제와 점수제를 뿌리내리기에는 민간과 달리 수익개념이 약해 성과의 계량화가 어렵고, 다양한 행정 분야에 공통적으로 적용할 수 있는 평가척도의 개발이 곤란하며, 우리 특유의 온정주의적 인사관행상 적지 않은 시행착오를 겪을 것으로 예상된다. 그러나 엄정한 평가 제도를 정착시키기 위해 지속적으로 연구, 발전시켜야 할 부분이다.

'인센티브'는 경쟁의 결과에 따라 그에 맞는 보상을 해주는 것이다. 목표관리제와 점수제에 의한 엄정한 인사평점을 실시하여 그 결과에 따라 공정하고 객관적인 승진이 이뤄져야 한다. 또 보수를 업무실적에 따라 차등 지급하는 성과급제를 강화하며 단계적으로 연봉제를 도입하는 것이다. 그동안 부분적으로 인센티브제가 실시됐으나 수혜 인원이 너무 적어 공무원들의 동기를 유발하기에는 너무 미약했다.

보수체계도 공무원들에게 공통적으로 지급되는 수당이나 복리후생비를 줄이는 대신 직책과 성과에 따른 차별적 보상은 확대하거나, 호봉도 자동적으로 올리는 대신 생산성을 고려해 승급의 폭을 달리하는 방안을 검토 중이다. 호봉제를 설계함에 있어서 연령대별로 생활비와 노동생산성의 차이를 고려하여 일정 연령 이상에서는 호봉 승급을 정지하거나, 오히려 줄이는 피크임금제 도입을 추진 중인 것이다.

앞으로 공직사회는 내부 구성원 간의 경쟁뿐만 아니라 민간 전문가들과의 경쟁이 불가피하게 되므로 공무원 개개인은 더 이상 현실에 안주할 수 없다. 따라서 공무원들도 이에 적극적으로 대비하여 담당 업무분야에서는 최고의 전문가만이 생존 가능하다는 프로의 자세로 스스로의 역량을 키워나가야 할 것이다.

회의 좀 줄입시다

"통일비용에 대한 세미나가 여기저기서 열리고 있습니다. 통일을 대비한답시고 여기저기 모여서 별 소득 없이 밥 먹고 차 마시는 것, 그것이 모두 통일비용의 일부입니다."

모 대학에서 열린 '통일비용 세미나'에 참석한 적이 있다. 이날 주제발표에 나선 한 교수는 겸연쩍은 표정으로 웃으면서 이같이 말하고는 준비해온 논문을 발표하기 시작했다.

알맹이 없이 형식만 중시하는 관행은 선진사회로 진입하기 위해 하루빨리 없어져야 한다. 회의문화가 대표적이다.

민간기업들은 경영혁신 작업을 벌이면서 첫 단계로 회의문화부터 바꿔나간다. 회의시간이 길어지는 것을 막기 위해 서서 회의를 한다거나 모래시계를 갖다놓고 정해진 시간 안에 끝낸다.

무조건 전체가 모여서 회의를 하는 대신 팀별로 필요한 주제를 놓고 그때그때 토론해 아이디어를 끌어내기도 한다. 어떤 재벌총수는 세계화 마인드를 강조하기 위해 임원들과 함께 외국의 대도시를 돌면서 회의를 주재한다는 이야기도 들었다.

그러나 관료사회는 아직까지 회의로 시작해서 회의로 끝난다고 할 만큼 많은 시간과 노력을 회의 자체에 소비한다는 느낌을 받았다. 진행방식도 토론을 통해 보다 나은 결론을 끌어내려고 노력하기보다는 보고하고 지시하는 비효율적인 회의문화를 벗어나지 못하고 있다.

회의로 시작해서 회의로 끝나는 사회

행정자치부도 예외는 아니어서 부임 이후 첫 느낌이 각종 회의가 많고 이로 인한 비능률이 만만치 않다는 것이었다.

회의가 있는 날이면 자료를 만드는 담당 공무원은 아침 7시에 출근한다. 과장은 7시 30분에 나와 자료를 검토하고 담당자와 회의를 한 뒤 8시쯤 국장 방에서 다시 회의를 한다.

구 내무부와 총무처를 통합한 직후였기 때문인지 내무부 출신 국장들은 내무부 출신인 차관보실에서, 총무처 출신 국장들은 총무처 출신인 기획관리실장실에서 따로 회의를 했다. 그 다음 차관실에서 국장들이 모여 회의한 뒤에야 장관실에서 회의가 시작된다. 회의 전달 과정도 또 한 차례 역순으로 거듭된다.

아침 7시부터 9시, 10시까지 똑같은 내용을 놓고 회의만 거듭하면서 귀중한 시간을 낭비하는 것이었다. 나는 회의 행태부터 바꿔야겠다고 생각했다. 또 일방적으로 보고하고 지시하는 대신 대화하고 토론하는 분위기로 회의문화를 변화시키는 게 시급하다는 생각이 들었다.

나는 먼저 행자부의 융합을 위해서라도 차관보실과 기획관리실 장실에 따로 모이는 회의부터 없애라고 했다. 회의시간도 크게 줄여 평상시 장관이 주재하는 회의는 차관, 부서장과 현안 관련 국장만 참석해서 20분만 하고, 일주일에 한 번씩 하는 확대 실·국장 회의는 1시간 동안 하되, 20분 동안 보고하고 40분 동안 토론하는 방식으로 바꿨다.

직원들이 회의자료 만드는 데 뺏기는 시간을 절약하도록 하기 위해 일주일에 수요일만은 자료 없는 회의를 하고 매주 토요일은 아예 회의 없는 날로 운영하도록 했다.

한 달에 한 번씩 하는 과장회의에서는 공무원들의 관심사나 주요 정책사항에 대해 토론하도록 했다. 처음에는 다들 토론문화에 익숙하지 않아 자신의 의견을 말하는 걸 꺼렸으나 몇 번 거듭되면서 이제는 상당히 열띤 토론이 이뤄지고 있다는 평가를 받게 됐다.

첫번째 토론식으로 진행된 과장회의는 공직사회의 현안이 됐던 '목표관리제와 점수제' 도입방안을 주제로 열렸다. 과거에는 공무원의 신분이 무조건 정년 때까지 보장됐으나 목표관리제, 점수제, 성과급제 등 경쟁개념이 도입됨에 따라 능력이 부족하고 게으른 공무원은 불이익을 받을 수밖에 없다. 그러므로 어떤 제도적 틀이 마련되느냐에 공무원들의 관심이 집중됐다.

점수제의 기본 방향은 관리직의 경우 정책목표를 세운 뒤 달성도를 평가하고 하위 실무직은 업무 분야별로 민원만족도 등을 조사하는데, 평가에 앞서 객관적인 기준을 개발하는 게 우선이라는 데 참석자들의 의견이 모아졌다.

또 공공행정 분야는 성과의 계량화가 곤란하여 점수제 도입에 한계가 있으므로 등급제가 바람직하다는 의견, 다양한 행정업무에 대해 공통적인 평가기준을 내놓기 곤란하므로 부처별로 평가방법을 자율적으로 운영하도록 해야 한다는 의견, 개인별 목표는 객관성과 실효성을 확보하기 위해 공개 검증되는 것이 필요하다는 의견 등 많은 비판과 대안이 제시됐다.

이 같은 정책토론은 각 실·과의 다양하고 참신한 의견을 수렴할 수 있을 뿐 아니라 참석자들로 하여금 다른 부서의 업무에 대한 이해도를 높여 전체 업무의 효율을 높이는 데도 도움이 되었다.

회의방식도 시대에 맞추어야

간부는 보고하고 장관은 지시하는 회의는 이제 공직사회에서 추방돼야 한다. 상하좌우의 의사가 자유롭게 소통되는 조직이 돼야 동맥경화 같은 현상이 생기지 않는다. 또 회의 자체의 효율성도 고려해야 한다.

요즘은 컴퓨터 통신기술이 발달하다 보니까 반드시 한 자리에 모여 얼굴을 맞대는 회의뿐만 아니라 사이버 토론을 이용하는 것도 조직의 의사소통과 여론수렴을 원활히 하는 데 바람직할 것이다. 그래서 나는 항상 행자부 인터넷 홈페이지나 정부 내의 전자결재시스템인 국정보고유통시스템을 적극 활용하도록 늘 강조하고 있다.

행자부 홈페이지는 국민과 공무원들이 국정에 대해 느끼는 불만이나 민원사항을 솔직히 털어놓을 수 있도록 마련됐는데 행자부 업무 전반에 대한 부서 소개와 각종 토론이 이루어지는 열린 마당, 공무원 채용시험 및 민원안내, 새소식, 제도 및 통계방으로 구성돼 있다.

내부문서 유통망인 국정보고유통시스템도 잘 활용하면 보고나 지시를 위한 회의는 대폭 줄일 수 있는 유용한 수단이 된다. 컴퓨터를 통해 즉시 보고할 수 있으므로 보고의 타이밍을 놓쳐 상사에게 질책받을 일도 없고 상사 입장에서도 부하들을 번거롭게 오라 가라 할 필요가 없으므로 시간과 노력이 절감된다.

회의를 위한 회의, 보고를 위한 회의, 지시를 위한 회의가 줄어들 때 정부의 생산성 향상이 이루어질 것이라고 생각한다. 소득 없이 행정비용의 증가만을 초래하는 회의는 이제 없어져야 한다.

실무부서 직접 방문

나는 장관 취임 이후 4개월에 걸쳐 자치행정과부터 장비통신과까지 행자부내 54개 실·과를 차례로 방문했다. 결재가 항상 밀려있고 외부행사 참석도 많은 편이어서 좀처럼 시간을 내기가 어려웠지만 이것만큼은 꼭 해야겠다 싶었다.

"공무원 생활한 지 20년, 30년이 지났지만 장관이 직접 과에 와서 업무보고 받고 토론하는 경험은 처음입니다."

나는 장관 취임 이후 4개월에 걸쳐 자치행정과부터 장비통신과까지 행자부 내 54개 실·과를 차례로 방문했다. 결재가 항상 밀려 있고 외부행사 참석도 많은 편이어서 좀처럼 시간을 내기가 어려웠지만 이것만큼은 꼭 해야겠다 싶었다.

그동안 장관과 소속부처 공무원들은 복도를 지나다가 악수하는 게 고작이고 얼굴 붉히면서 피하는 일도 많았다. 심지어 중간간부의 얼굴조차 모르는 직원들이 허다했다.

사람 사이의 거리를 좁히고 서로를 이해하는 데는 허심탄회한 대화가 가장 효과적이다. 장관과 소속 공무원 사이에도 진솔한 대화가 필요했고 무엇보다 두 부처의 통합으로 거대조직이 되면서 직원들 사이의 거리가 너무 멀다고 느껴졌다.

처음에는 사무실에 들어가니까 직원들이 긴장한 탓인지 이야기를 잘 안 하고 내 입만 쳐다봤다. 그래서 직원 소개와 업무보고를 받은 다음 건의사항을 말하도록 지명했다. 시키니까 할 수 없이 이야기를 시작했지만 횟수가 거듭될수록 점점 허심탄회한 의견이 많이 나왔다.

직원들은 "별로 할 말은 없는데…" 하면서도 할 말은 다했다. 한 공무원은 "왜 우리 장관님은 당근과 채찍 가운데 당근은 주지 않고 채찍만 휘두르느냐"고 공무원 대표(?)로 농담 섞인 불만도 털어놨다.

어느 과에서는 내가 방문하기 전에 자신들끼리 건의내용을 적어낸 뒤 무작위로 발표하는 형식을 취하기도 했다. 장관에게 부담 없이 솔직한 건의를 하기 위한 것이었다.

나는 직원들에게 공직사회 개혁의 선도자가 돼줄 것을 부탁했다. 어느 집단이나 마찬가지로 변화를 끌어가는 세력이 5%라면 이에 반대하고 저항하는 세력이 5%이고 나머지 90%는 대세를 따르게 마련이다. 앞의 5% 역할을 행자부가 하자는 것이다.

또 장관실을 언제든지 개방할 테니 건의나 애로 사항이 있으면 수시로 방문해달라는 것과 행자부 인터넷 '장관과의 대화방,' 전자결재를 적극 활용해줄 것을 부탁했다.

나중에 실·과 방문이 끝난 뒤 집계해보니 직원들의 건의사항이 380여 건이나 됐다. 규정이나 절차에 의한 제안보다는 수시로 자유로운 제안을 하는 편이 훨씬 살아있는 아이디어를 끌어낼 수 있었다.

직원들이 낸 의견 가운데 양 부처의 통합을 위해 직원연찬회를 실시하자, 인사원칙과 기준을 공개하자, 사무실에서 금연을 하자, 당직제도를 개선하자, 부내 소식지를 발간하자, 청사 출입문에 여경과 안내 도우미를 배치하자, 월례조회 때 6급 이하의 직원들도 참석토록 해 간부와 일반직원 사이의 간격을 좁히자는 등의 의견은 즉시 정책에 반영됐다.

인사운영이나 사기진작에 대한 건의도 많아서 인사적체를 해소하기 위한 지방자치단체와의 교류 활성화, 여직원 승진기회 확대, 동호인 활동 지원, 직원휴식공간 확보 등을 요구했다.

지역감정을 없애는 방안으로 부단체장을 자신의 연고지역으로 보내지 않는 상피제를 실시하고 유능한 실력자를 외부에서 스카우트하자든지, 공무원의 자기계발을 위해 안식년제를 도입하자는 말도 나왔다. 직원들은 또 보직대기 발령자라고 할지라도 반드시 능력이 부족한 것은 아니므로 관심과 애착을 가져달라고 건의했다.

밤늦게 퇴근하는데 택시비를 달라든가, 대학생까지 학비보조를 해달라는 등 복지분야의 건의도 많았으나 이는 어려운 재정 형편 때문에 바로 수용하기 어려운 문제였다. 앞으로 일하는 만큼 보수를 더 주고 전체적인 공무원 처우를 개선하는 방법으로 풀어가야 할 것이다.

불필요한 대기성 야근을 줄이자, 복장을 자유롭게 하자, 각 당이 독자적으로 요구하고 있는 당정협의를 일원화하자, 점수제 도입시 객관성과 공정성을 확보하자, 정기적인 대화의 장을 마련하자는 것도 주요 건의사항이었다.

장관의 모델 노릇

직원들이 나에게 즉석에서 몇 가지 재미있는 부탁을 한 적이 있다.

장비통신과는 부처 내 54개과 가운데 기구도에서는 서열이 가장 아래에 있다. 같은 과지만 다른 부서에 비해 열등의식을 가질 수도 있었다. 이들이 직원연찬회에서 "우리들은 행자부에서 가장 말직 말과인데 장비통신과 직원들을 위해서 점심을 한번 사주시면 아주 훌륭한 장관으로 기억될 것입니다"라고 농담 삼아 건의를 했다.

연찬회 며칠 뒤 마침 점심약속이 없어 시간이 나길래 장비통신과 직원들과 점심을 같이 했다. 그들은 깜짝 놀라면서도 즐거운 표정들이었다. 이제는 장관도 목에 힘 주고 권위를 내세우던 시대는 지났다. 공무원들이 국민에게 봉사하듯이 장관도 가장 겸손한 자세로 국민과 공무원들에게 봉사해야 한다.

자치제도과를 갔을 때 한 직원은 "매일 과중한 업무 때문에 일찍 출근하고 늦게 퇴근하는 바람에 집에서 아이들이나 아내에게 좋은 점수를 받지 못하고 있습니다"라면서, "저와 함께 사진을 한 장 찍어 주시면 그래도 제가 장관님에게 인정받고 있는 것으로 돼 집에 가서 큰소리도 좀 칠 수 있겠습니다. 사진 한 장만 같이 찍어 주십시오"라고 건의했다.

그래서 흔쾌히 그러자고 했더니 옆에서 듣고 있던 다른 직원들도 덩달아 사진을 찍겠다고 해서 한여름 무더운 토요일 오후에 양복을 갖춰 입고 장관방에서 20여 명의 자치제도과 직원들과 일일이 사진을 찍었다. 비서실에서는 다른 부서의 직원들도 사진 촬영을 해달라고 할까봐 '장관의 모델 노릇'은 한 번으로 제한하겠다고 못 박았다.

실무부서 방문 이후 행자부의 분위기가 한결 부드러워졌다. 복도에서 마주치면 반갑게 인사하는 직원들이 많아졌다. 나는 직원들의 작은 건의 하나라도 귀 담아 듣고 가능하면 수용하려고 노력한다. 작은 것부터 바꿔나가지 않으면 큰 변화를 끌어내기란 어렵기 때문이다.

나 자신도 장관실에서 국장, 과장들의 보고만 받고 있는 것보다 각 실·과의 분위기를 살펴봄으로써 업무와 행정과정을 좀더 깊이 이해할 수 있게 되었다. 또 하위직 공무원들의 생생한 목소리를 통해 개혁의 방향을 잡아나가는 데 도움이 됐다. '가까이 있는 장관', '눈 높이를 함께할 수 있는 장관'이 되지 않으면 아무리 개혁을 외쳐도 공허한 메아리일 수밖에 없다.

'쑥스러운 선물' 과
'위스키'

제도 마련도 중요하지만 무엇보다 마음에서 우러나오는 친절이 돼야 한다.
'친절 또한 능력'이며 친절한 공무원이 우대받을 수 있는 공직사회의 풍토를
조성하는 게 무엇보다 시급할 것이다.

모일간지 1998년 9월 10일자에 이런 박스기사가 실렸다.

"최근 행정자치부 직원 5명은 김정길 장관으로부터 스마일 그림
이 새겨진 머그잔을 '선물'로 받았다. '친절운동에 귀하가 앞장서
주시길 간곡히 당부합니다' 라고 적힌 '메시지'와 함께. 이들 직원
은 요즘 좌불안석이다. 장관의 '선물'은 '불친절 공무원으로 뽑혔
으니 앞으로 지켜보겠다'는 '경고'의 뜻이 담긴 것이기 때문이다.

행자부는 그동안 대한항공 서비스아카데미 같은 외부기관을 통
해 친절교육을 한 뒤 전화응답, 민원인 응대태도를 수시로 점검해
왔다. 이 결과를 토대로 불친절 공무원에게는 '선물'을, 친절 공무
원 11명에게는 장관 표창을 했다.

행자부는 이미 '삼진아웃'제를 도입, 3번 이상 경고를 받은 경

우 인사상 불이익을 준다고 선언했다. 김장관은 '앞으로 행정기관을 대상으로 실시하고 있는 국민만족도 조사에서 공무원 천절도를 주요 평가항목으로 반영, 친절한 공무원상을 반드시 확립하겠다' 고 말했다.

이를 위해 행자부 인터넷 홈페이지에 '친절방' 도 곧 신설, 공무원의 불친절 사례에 대한 국민들의 신고도 받을 예정이다."

'새 술은 새 부대에 담아야 한다' 는 말이 있다. 내용을 바꾸기 위해서는 형식을 바로잡는 것이 중요하다는 뜻이다. 권위를 세우고 국민 위에 군림하는 공무원에서 국민에게 봉사하는 공무원으로 변하자고 아무리 이야기해도 소용없다. 구체적인 생활습관부터 고쳐나가야 큰 변화를 가져올 수 있다.

이런 생각에서 청사 분위기 바꾸기, 전화 제대로 받기, 친절하게 인사하기 등 친절운동을 펼쳤다. 지극히 사소해 보이지만 공직사회의 자세전환을 위해서는 반드시 필요한 것들이다.

누구든지 세종로 정부종합청사에 와본 사람이라면 관청의 문턱이 높다는 것을 느끼고 불쾌한 기분으로 돌아가는 경우가 많았다.

청사 입구에서부터 시위대에 대비해 철대문은 항상 굳게 닫혀 있고 궁색한 쪽문으로 들어와야 한다. 그것도 퉁명스러운 의경들이 하나마나한 신분증 검사를 한다. 다시 청사 로비에 들어오면 청원 경찰들이 버티고 서서 불친절하고 딱딱한 자세로 신분증 검사를 다시 한 뒤에야 방문증을 내주는 게 그동안의 관례였다.

그래서 우선 철문을 완전히 개방하고 입구에서 신분증을 제시하는 절차를 없앴다. 또 청사 안내업무를 민간에 위탁해 안내 도우미를 배치하고 입구의 검색업무도 여경이 맡도록 했다.

청사 로비의 의자도 마치 철도역 대합실같이 딱딱한 의자를 치우고 카페식 칸막이 공간을 만들고 소파를 들여놓아 편안하게 쉬면서 기다릴 수 있도록 바꿨다.

안내 도우미들이 친절하게 웃으면서 방문증을 내주고 청사를 안내하자 민원인들이 오히려 어리둥절할 정도였다. 도우미들은 얼굴에 경련이 날 정도로 미소훈련을 받았다고 한다. 이들의 미소 때문에라도 민원인들이 다시 찾고 싶은 청사가 된다면 국민과 정부가 그만큼 가까워질 것으로 믿는다.

'여기 행자부가 맞나요?'

'행자부의 두 얼굴' 에서 직원들의 불친절한 자세가 지적된 이후 '전화 친절히 받기 운동' 을 벌였다. 상대방의 얼굴이 안 보이는 전화 통화에서 친절해진다면 직접 만나는 사람에게는 더욱 친절할 것이다. 이 운동을 꾸준히 펼친 결과 '여기 행자부가 맞나요' 라는 신문기사가 실릴 만큼 눈에 띄게 좋아졌다는 칭찬도 들었다.

한 간부는 직원들에게 일일이 전화를 걸어 응대하는 태도가 좋은 직원들에게 작은 선물을 주기도 하고 '전화를 잘 받아주셔서 감사합니다' 라고 쓴 메모도 붙였다.

총무과에서 자체 점검을 하거나 외부기관에 용역을 의뢰했을 때도 비교적 좋은 성적을 받았다. 전화벨이 두세 차례 울리기 전에 받고 누가 전화를 받더라도 '안녕하십니까. 어느 부서의 누구입니다'

라는 소리가 자연스럽게 나온다.

또 자신의 업무는 물론, 다른 부서의 업무까지도 친절히 안내하고 전화번호를 가르쳐줄 정도로 많이 바뀌었다. 점검차 전화한 사람이 일부러 시비를 붙여도 끝까지 친절하게 대하는 경우가 많았다.

전문기관에서는 전화 받는 즉시 "안녕하십니까. ○○과 ○○○입니다"라고 인사를 하지만 다소 경직된 느낌을 주며 의례적으로 응대를 하는 경우가 있다는 지적을 하면서 비교적 긍정적인 평가를 내렸다.

나는 직원들에게 "전화를 친절하게 받는 사람에게는 상을 주고 불친절하게 받는 사람은 장관실로 불러 선물을 주겠다. 그럼에도 불구하고 장관실에 와서 선물을 꼭 받고 싶은 사람은 계속 불친절하게 하라"고 말했다.

물론 직원들은 농담인 줄 알고 웃어넘겼지만 그 뒤 월례조회에서 친절한 공무원에게는 포상을 하고, 불친절한 것으로 지적된 공무원들은 따로 장관실로 불러 "그동안 친절운동에 적극 동참해주어서 고맙다. 앞으로도 더욱 친절하게 해주면 좋겠다"는 당부와 함께 스마일이 새겨진 머그잔과 친절 메시지를 담은 서신을 주었다.

그들은 장관실을 나오면서 자신이 '별로 친절하게 한 것도 없는데…' 라며 고개를 갸우뚱거렸다고 한다. 그들 중 한 명을 제외하고는 자신들이 장관실에 불려온 이유를 모르는 것 같았다.

우리 옛말에 '말 한마디로 천냥 빚을 갚는다', '동냥은 못 줘도 쪽박은 깨지 말라' 는 이야기가 있다. 친절은 사회생활을 하는 데 아주 중요하다. 이 운동은 행자부 공무원들이 정말 국민의 편에 서서 친절히 응대하고 있다는 확신을 민원인들에게 심어줄 때까지, 친절이 몸에 배어서 습관화될 때까지 꾸준히 계속될 것이다.

'김치' 보다 '위스키'

행자부에 소속된 전체 공무원이 친절교육을 받은 일이 화제가 됐다. 특히 나를 포함해서 국장급 이상 고위 간부 48명은 주말을 이용해 1박 2일 동안 대한항공 서비스아카데미에 입소해서 친절교육을 받았다.

그동안 여러 차례 친절교육이 실시됐지만 고위 간부들은 제외됐다. 그러나 상급자들부터 행정서비스에 대한 인식을 바꾸고 부하직원들에게 모범을 보이는 것이 중요하다고 생각해서 더욱 강도 높은 교육을 실시하게 됐다.

친절교육에서는 말투와 대화요령에서부터 호감 가는 표정 짓기, 인사예절, 전화예절, 악수하는 법, 테이블 매너에 이르기까지 다양한 에티켓을 배웠다. '김치' 나 '스마일' 보다 '위스키' 하면서 웃으면 표정이 훨씬 밝고 입 모양도 예쁘다는 강사의 말에 모두 '위스키' 라는 단어를 연발하기도 했다.

나 스스로도 다른 사람에게 친절하게 대한다는 것이 그저 예의에 어긋나지 않는 것이라고 생각했는데 '친절의 기술' 이 무척 다양하고도 어렵다는 걸 느꼈다. 서비스에도 부메랑 효과가 있다고 한다. 내가 먼저 다른 사람에게 인사하고 친절하게 대하면 그대로 다시 돌려받는다는 것이다. 앞으로 행정자치부에서 시작된 친절 운동이 공무원 조직과 사회 전반으로 확산되기를 바란다.

친절도 능력이다

공무원들이 권위를 세우고 뻣뻣한 태도를 보이는 것은 비단 우리만의 일은 아닌 것 같다. 국내에 연수를 받으러 온 아세안 국가의 공무원들을 만날 기회가 있었는데 한 필리핀 공무원이 "어떤 나라에서는 친절한 공무원에게 '스마일' 배지를 달아주더라"는 이야기를 했다. 굳이 이런 방식이 아니더라도 앞으로 공무원 평가에 점수제가 시행되면 민원인에 대한 친절도가 중요한 평가기준이 돼 많은 보완이 될 것으로 생각한다.

이미 지방자치단체에서도 친절한 행정을 도입하려는 노력이 엿보이기 시작했다. 충북의 한 군에서는 공무원이 불친절하거나 품위를 잃을 경우 주민들이 군청이나 읍·면사무소 민원실에 비치된 노란색 카드에 내용을 기재해 군수에게 신고하는 '불친절카드' 제도를 시행하고 있다고 한다.

이 제도가 실시된 이후 관광단지 관리를 맡은 한 공무원이 잡상인 단속을 한다며 진열된 물건을 발로 걷어차는 등 고압적이고 불친절한 자세로 근무해 오다가 주민들의 항의로 세 번이나 노란색 카드를 받고 대기발령 상태에 놓이게 됐다고 한다.

이처럼 제도 마련도 중요하지만 무엇보다 마음에서 우러나오는 친절이 돼야 한다. '친절 또한 능력'이며 친절한 공무원이 우대받을 수 있는 공직사회의 풍토를 조성하는 게 무엇보다 시급할 것이다.

불친절이 비단 공무원만의 문제는 아닌 것 같다.

얼마 전 김포공항에 파견나가 있던 경찰 간부로부터 한 모범택시

기사가 공항에서 외국손님을 태웠는데, 그 손님이 가까운 거리를 가자고 하니까 공항을 나가자마자 그 외국인을 길거리에 내려놓고 되돌아가버렸다는 이야기를 들었다.

이런 상태에서 어떻게 외국 관광객이 우리나라에 찾아오기를 기대할 수 있겠는가. 앞으로 친절운동이 우리 행자부뿐만 아니라 다른 부처와 지방자치단체, 정부산하단체, 나아가 범국민운동으로 확산되어 나가야 할 것이다.

공무원=불친절, 오명 떨쳐내기

우리 사회가 한 목소리로 '친절'을 목청 높여 외치는 데는 기업은 기업대로, 공직사회는 공직사회대로 제각각의 이유가 있다. 공직사회의 친절운동은 국민에게 질 높은 행정 서비스를 제공하지 않고는 국민의 신뢰를 받고, '불친절의 대명사'라는 오명을 벗기 힘들다는 데 그 이유가 있다.

'쇼핑 천국'으로 통하던 홍콩이 더 이상 옛 명성을 듣지 못하게 되었다고 한다. 중국의 주권 회복에 따른 관광객 감소만이 그 이유는 아닌 것 같다.

환경 변화에 신속히 대처하지 못하고 과거의 영화에 대한 자만감에 도취한 홍콩 상인들의 불친절, 바가지 요금 등의 횡포가 쇼핑 천국이라는 이미지를 구겨버렸다는 것이 중론이다.

그런데 여기서 주목할 점은 홍콩인들조차 자기네 쇼핑가를 외면하고 우리나라와 태국으로 원정 쇼핑을 벌이고 있다는 것이다. 환시세 차이로 홍콩 가격의 절반 정도로 우리나라에서 똑같은 상품을 구할 수 있다는 이점도 작용했겠지만, 우리나라 상인들의 '친절 정신'이 한몫을 차지했다고도 한다.

신문을 봐도 우리 국민의 친절 정신은 눈에 띄게 좋아진 것 같다.

백화점은 물론이고 작은 구멍가게에까지 '친절'이 중요한 마케팅 기법이 되었다는 기사들이다. 친절 아카데미에서 친절을 '공부'해야 하고, 심지어 어떤 패스트푸드 업체는 1년 내내 '감찰반'까지 동원해 매장의 청결도와 판매사원의 '친절도'를 비밀스럽게 조사해 상벌을 준다고도 한다.

친절도에 따라 영업 실적의 차이도 크다고 한다. 어떤 패션업체는 친절제도 도입 후 개인별 영업실적이 20~30%씩 좋아졌다는 자료를 본 적도 있다.

공직사회도 마찬가지다.

각 일선 자치단체뿐만 아니라 공직사회 전 분야에 걸쳐 친절운동이 벌어지고 있다. 심지어 어떤 언론사는 민간 연구소와 공동으로 '지방자치단체 대민 서비스 모니터링' 결과를 발표하기도 했다. 어느 시·도·군이 얼마나 친절하고 불친절한지 국민 앞에 낱낱이 보고 되는 셈이다. 이제 '친절운동'이 하나의 '문화운동'으로까지 발전된 느낌이다.

불친절의 사례들

우리 사회가 한 목소리로 '친절'을 목청 높여 외치는 데는 기업은 기업대로, 공직사회는 공직사회대로 제각각의 이유가 있다. 기업은 제품 자체만으로는 경쟁의 차별 요소가 거의 없어진 상태이기 때문에 '친절한 마음을 판다'는 부가서비스를 제품판매의 전면으로 내세우는 것이고, 공직사회의 친절운동은 국민에게 질 높은 행정 서비스를 제공하지 않고는 국민의 신뢰를 받고, '불친절의 대명사'라는 오명을 벗기 힘들다는 데 그 이유가 있다.

행자부에서는 '전화 친절히 받기', '명랑하고 친절한 자세로 방문객 맞이하기' 등 국민으로부터 신뢰받는 친절한 공직자상으로 거듭나기 위해 공무원 친절운동을 지속적으로 벌여 왔다. 그 일환으로 지난 9월 초에 행자부 홈페이지 내에 '공무원 친절운동에 대한 의견을 받습니다' 라는 '친절방' 코너를 개설했다.

감동 깊었던 공무원의 친절 사례나 불친절 사례를 포함해 친절운동을 확산할 수 있는 의견을 받고 있다. 그러나 역시 예상(?)했던 대로 불친절 사례가 압도적으로 많이 올라왔다.

스스로 공무원이라고 밝힌 L씨는 다음과 같은 글을 올렸다.

"…공무원으로서 내가 겪은 일들은 일반인과 또 다른 기분이 들었다. 간단한 호적등본 하나 발급받는 데도 직접 신청하고 4시간 후에 다시 오라든가, 의료보험업무로 장인댁 호적등본 하나 떼는 데 관계가 입증 안 된다는 이유로 혼자 헤매다가, 강력하게 항의하자 그때서야 전산조회를 통해 신청을 받는 일이 비일비재하다.

최근엔 어처구니없는 일을 겪었다.

운전면허시험 응시를 위해 바쁜 시간을 쪼개 면허시험장에 갔었다. 시험일을 일요일로 예약하기 위해서였다. 하지만 담당자 말은 '일주일 후에 다시 오라' 는 것이었다. 게시판에는 '97년 12월 이후부터 특수시험으로 일요일 예약을 받는다' 고 해놓고 말이다. 담당자에게 '왜 사전 홍보도 않고 갑자기 그렇게 하냐?' 고 했더니 대답이 걸작이었다. '전화로 미리 물어보지 않고 왔으니 당신의 잘못이며, 왜 그걸 게시판에 홍보해야 하느냐 는 것이었다.

행정법에 나오는 '신뢰보호의 원칙' 이니 하는 걸 들먹이지 않더라도, 담당자가 더 이상 어떤 말을 해도 귀에 들어오지 않았다. 계속 항의할 마음이 안 들었다.

기본이 안돼 있는 사람에게 공무원으로서의 의무를 들먹인들 무슨 소용이 있으며 친절운동, 행정서비스헌장제가 무슨 소용이 있겠는가. 국민에게 다가가는 행정, 국민 위주의 행정서비스는 요원할 뿐이다."

일본에서 유학하고 있다는 한 학생은 고질적인 면허시험장의 불친절 사례를 지적하며 '발상의 전환' 을 강조했다.

"국제면허증 문제로 면허시험장에 가게 되었다.

인지를 사려고 지폐를 냈는데 담당 직원이 인지와 거스름돈을 던지는 것이었다. 이 일로 하루 종일 기분이 좋지 않았다.

예를 들어, 은행에 가서 세금을 내고 거스름돈을 받을 때 은행 직원이 돈을 던지는 것을 나는 한 번도 본 적이 없다. 그들은 작은 받침에 영수증과 거스름돈을 넣어 공손히 밀어주지 않던가. 그들은 은행에 오는 사람을 '고객' 이라고 생각해 친절·봉사를 한다. 그렇다면 면허시험장에 오는 국민들은 면허시험장에서 근무하는 공무원들에게는 고객이 아니란 말인가! 공무원들은 나라에서 월급을 받으며 그 월급은 국민들이 낸 세금이 아닌가!

왜 국민을 고객이라 생각하지 않는지 모르겠다. 조금만 신경 쓰면, 아니 인지를 파는 자신이 도리어 인지를 사는 입장이 될 수도 있다고 생각만 해도 쉽게 해결될 문제라고 생각한다. 다음에 다시 운전면허장에 갈 때에는 은행에 왔다는 착각을 해보았으면 한다."

강원도 모 대학의 P교수가 밝힌 불친절 지적 사례는 실소(失笑)를 금치 못하게 했다.

"본인은 ○○대학교 법과대학 교수입니다.

올해 8월 20일 경에 중고 자동차를 구입하였기에 춘천시 자동차등록사업소에 가야 했습니다. 처음 가는 길이어서 물어 찾아가고자 승용차를 이용했습니다. 그러나 자동차등록사업소에 갈 수 있도록 하는 표지판이 전혀 없었고, 등록사업소도 옆의 동사무소와 한 울타리 안에 위치해 있어서 마치 동사무소의 부속건물처럼 보여 일견 찾기가 불가능했습니다.

주위를 빙빙 돌다 간신히 물어 찾아 들어가, 담당 공무원에게 "입구나 적당한 곳에 자동차등록사업소 간판이나 표지판을 만들어 주면 찾아오기 쉽겠다"고 했더니 "입구에 해놓지 않았느냐", "그 왼쪽에도 200M에 자동차등록사업소라는 표시가 있다"고 해 확인해 보니, 입구의 표지판이라고 하는 것은 고작 가로 세로 50센티미터와 30센티미터 정도에 불과했고, 이것조차도 도로에서 멀리 떨어진 사업소의 현관 옆에 붙여 놓았기 때문에 차를 타고 지나가면 전혀 알아볼 수 없는 것이었습니다.

해서 "한 군데만 표시해 놓았기 때문에 사업소를 찾아오는 길은 여러 방향인데 다른 방향에서 찾아오는 사람은 어떻게 하나요?'라고 물었더니 그 공무원 대답 왈, "그럼, 사방팔방 다 해놓아야 하겠네요?' 그 사업소 소장은 한 술 더 떠서 "예산이 없어서 할 수가 없습니다"라고 한다."

인터넷 '친절방'에 올라오는 불친절 고발 사례를 살펴보노라면, 물론 많은 사람을 상대하는 민원기관이다보니 힘들고 짜증 나는 경우도 있겠지만, '이 정도도 못 해주나' 싶을 정도로 친절에 인색한 경우가 많은 것 같다. 조금만 신경 쓰고, 한 번 더 웃어주면 될 일인데도 타성에 젖어 지나치다보니 공직사회에 대한 불신이 쌓여가는 것이다.

공무원 친절운동이 거창하게 무슨 목표를 정하고, 세부 실천방안을 세우고, 상·벌을 주고, 그렇게 요란하게 할 사안인가 하는 사람들도 많을 것이다. 하지만 매일 보도되다시피 하는 공무원들의 무성의한 행태들과 국민의 불만 사례를 접하다보면 공직사회 개혁의 첫걸음이자 또 목표가 바로 국민을 섬기고 봉사하는 서비스 정신에서 시작되어야 한다는 확신을 가지게 된다.

친절운동은 미소(smile)와 봉사(service)를 통해 만족(satisfaction)을 최대화하자는 노력인데, 지금과 같은 굳은 얼굴, 무관심, 퉁명스런 목소리 등으로는 민원인의 작은 만족은커녕, 공무원 상호간에도 얼굴을 찡그리게 만들기 십상이기 때문이다. 불친절한 모습과 언사는 작업 환경을 딱딱하게 만들고 이는 생산성 저하로 이어진다. 친절운동을 도입해 매출이 20~30%씩 올랐다는 기업체의 경험을 눈여겨보아야 하는 이유가 여기에 있다.

친절은 '쌍방향성'을 가진다. 기업은 소비자에게 친절이라는 서비스 상품을 제공하고, 고객으로부터 매출향상과 이익증대라는 자기만족을 얻는다. 소비자는 친절을 통해 감동을 받고, 기업은 고객의 감동을 통해 매출증대를 이루는 셈이다.

마찬가지로 공무원 또한 정성이 담긴 친절한 행정서비스를 통해 국민을 만족시키고, 국민으로부터 '믿음과 칭찬'이라는 자기만족을 누릴 수 있다. 국가와 공무원에게 있어 '국민의 신뢰'라는 가치는 기업의 이윤보다 더 가치 있는 것이다.

유난히 친절을
강조하는 이유

공무원 사회가 바뀌기 위해서는 먼저 사람을 바꾸어야 한
다. 사람이 바뀌어야 제도적 개혁도 제대로 시행될 수 있
다. 그동안에 굳어진 습관을 바꾸고, 자세를 전환하고, 의식을 개혁해야 한다. 그 첫 단추
가 '친절운동'이다.

우리는 그동안 권위주의 시대의 강제적인 지시와 규제 일변도의
폐쇄적 문화환경에 익숙해 있었다고 해도 과언은 아니다. 이런 폐쇄,
강권 문화의 배수지 역할을 한 곳이 다름 아닌 공무원 사회였다고 생
각한다. 따라서 공무원 사회가 바뀌면 사회의 각 부문이 급속하게
바뀔 수 있다는 것이 내 생각이다.

공무원 사회가 바뀌기 위해서는 먼저 사람을 바꾸어야 한다. 사
람이 바뀌어야 제도적 개혁도 제대로 시행될 수 있다. 그동안에 굳
어진 습관을 바꾸고, 자세를 전환하고, 의식을 개혁해야 한다. 그 첫
단추가 '친절운동'이다.

미소라고는 찾아보기 힘든, 상관에게 굽히는 허리의 각도만큼 국
민에게 공손할 수 없는 그 얼굴과 허리에 친절과 봉사라는 '생기'를
불어넣어야 한다. 목소리만 변조한 '풀무질 같은 친절'이 아니라

'정성이 담긴 친절'이어야 한다.

내가 유독 친절을 강조하는 것은 친절이 사람의 '생각과 행동'을 바꾸고, 사람과 사람 간의 '관계'를 바꾸는 묘약(妙藥) 같은 것이라고 생각하기 때문이다.

친절문화가 제일 높은 나라

'친(親)' 자의 의미를 따져보면 그 뜻이 깊다. 친(親)에는 '친하다'는 뜻이 있는가 하면, '겨레', '어버이'라는 뜻도 있고, '직접', '몸소'라는 뜻도 있다. 오죽하면 부자유친(父子有親)이라고 했겠으며, 친견(親見)처럼 임금이 몸소 하는 것 앞에 친(親)자를 넣었겠는가.

그러므로 정말 친절하려면 어버이처럼, 어버이를 대하듯 '대단히' 친근한 마음으로 해야 한다. 마지못해 입으로만 하는 것이 아니라 정성을 다해 '몸소' 실천해야 한다. 이렇게 돼야 국민을 '받들어 모시는' 봉사(奉事)가 가능한 것이다. 스스로의 마음에서 우러나는 친절심이 없는데 어떻게 봉사가 가능하겠으며, 무엇 하나 제대로 바뀌겠는가.

또, 친절은 '주인의식이 높은' 사람이 잘한다. 누가 시켜서 강제로 하는 친절은 어딘가 어색하고 서로가 불편하다. 상대방을 인격적으로 존중하고, 내 몸과 같이 생각할 때, '너와 내가 다르지 않다'고 인식할 때 친절심은 생긴다. 친절한 사람은 스스로가 즐겁고, 친절 자체가 생산의 원동력이 된다.

그래서 '친절은 문화'이며, 친절운동은 문화운동인 것이다. 백범 김구 선생은 우리나라가 '문화가 제일 높은 나라'가 되길 바란다고 했다. 나는 우리나라가 '친절문화가 제일 높은 나라' 가 되었으면 한다. 그 일을 하는 앞자리에 우리 공무원들이 서주길 바란다.

하지만 '친절방' 에 올라온 일선 공무원의 불친절 사례를 보면 친절운동이 공무원 사회 저변에까지 빨리 퍼져나가야 한다는 것을 절감한다. 친절은 말과 자세를 밝고 공손하게 하는 것만이 아니라 상대방의 마음까지 편안하고 기쁨으로 만족시키는 적극적 노력까지를 포함하기 때문이다. 친절방에 올라온 불친절 사례들 속에 그래도 시원한 청량제 역할을 하는 친절사례를 발견하고는 기쁜 마음으로 소개해본다.

"저는 조그만 회사를 운영하고 있는 전형적인 40대 자영업자입니다. 저는 왠지 모르게 우체국(부)에 대해서만큼은 매우 좋은 이미지를 갖고 있습니다. 물론 저와 티끌만큼이라도 이해관계가 있는 것도 아닙니다만 언제나 생각만 해도 전혀 거부감이 없습니다. TV나 신문 등에서 비친 다른 일부 관공서(또는 일부 공무원)의 부정적인 이미지까지도 바로 이분들이 있기에 거의 상쇄되곤 합니다.

오늘 실제로 있었던 매우 기분좋은 일화입니다.

우리 회사의 어떤 제품을 전국의 구입 희망자(소비자)들에게 택배할 것을 계획하고, 가장 신뢰할 수 있으면서도 저렴한 택배 또는 유사 서비스를 조사 분석하던 중 정보통신부 웹 사이트를 발견했습니다. 우편제도와 관련한 정보 중 유리한 서비스를 1차 다운받아 스터디하고, 애매한 사항만을 추려서 문의하려고 일산 우체국에 전화했습니다(왜냐하면 사무실 인근 우체국이므로).

그런데 관리과 직원인 '김순경' 씨라는 여자 분이 벨이 두번째 울림과 동시에 즉각 전화를 받으면서 저의 문의사항(약 2시간 스터디했음)에 대해 차분히 응대하는 것이었습니다. 물론 매우 친절하였고, 무엇보다도 이용자들이 알고 있는 상식을 깨는 의외의 전문적인 답변에 감동을 받았습니다. 관리과 소속의 신참 여직원 정도로 짐작되는데도 타부서의 전문적인 업무 중에서도 애매한 질문 사항(5가지)을 고객 중심의 구체적 자료와 수치까지 동원해 즉각적으로 설명하는데 누가 감동하지 않을 수 있겠습니까?

그렇습니다. 바로 이렇게 묵묵히 열심히 자기 분야에 충실한 분들이 계시기에 희망이 있다고 생각합니다. 본받을 분이라 생각되어 자신 있게 이렇게 공개합니다.

일산 우체국 소속 관리과 김순경 씨 파이팅!!!"

서울 어느 대학병원에 근무하는 교수라고 밝힌 이는 출근길 가벼운 차량 접촉사고를 파출소에 신고하였으나, 인근 파출소까지 관할을 떠넘기는 바람에 오전 내내 시간을 허비했던 사례를 전하면서 경찰들에게 다음과 같은 충고의 글을 올렸다.

"…제가 미국과 캐나다에서 접해보았던 경찰의 모습과 대비해 보니 아직 한참 멀었다고 생각되었습니다. 물론 성인군자가 되라는 것은 아니지만 '범죄에는 엄격하고 계도에는 인자한 모습'을 기대해봅니다. 그런 의미로 이런 사례를 우리나라 경찰들에게 들려주고 싶습니다.

제가 아는 어떤 이가 미국에서 한국으로 오기 전 환송회에서 주량 이상으로 많은 술을 마셨다고 합니다. 차가 그리 많지 않은 소도시라 신호등 앞에서 잠깐 잠이 들었답니다. 얼마 후 창문 두드리는 소리에 깨어보니 경관이었고, 술 마신 사실을 이야기했더니 잠시 기다리라고 한 후 자기 차에서 꺼내온 차가운 콜라를 하나 주더랍니다. 대화가 옳게 되고, 운전이 가능할 정도는 된다고 판단한 그 경관은 집까지 차를 에스코트한 후 조심하라는 말을 남긴 채 사라지더라는 겁니다.

물론 음주 운전을 비호하려는 생각은 추호도 없습니다. 친절이 무엇인지 생각하게 하는 대목 같아서 소개를 드립니다.”

일전에 공무원 친절운동에 매우 열심이던 한 지방 군수를 만났을 때 재미있는 친절 사례 하나를 들었다. 자신의 관내 한 민원인이 “요즘 군공무원들이 매우 친절해졌다”고 칭찬을 아끼지 않길래 “어떤 점에서 그렇게 느꼈느냐”고 반문했더니, 그 민원인은 인감증명을 떼러 면사무소에 갔는데 담당직원이 인감도장을 서류에 찍고 자기에게 돌려줄 때 도장에 묻은 인주를 휴지에 깨끗이 닦아서 주더라는 것이었다.

이처럼 작은 친절 하나도 그 친절을 받는 사람에게는 큰 감동으로 다가올 수 있다. 더구나 불친절의 대명사였던 공무원으로부터라면.

“똑똑하기보다는 친절한 편이 낫다”고 한 유태인의 지혜를 다시 한번 새겨볼 일이다. 그래서 애덤 스미스는 “당신이 친절한 태도로 사람에게 끼친 유쾌함은 당신에게 다시 되돌아오며, 가끔 이자까지 붙어서 되돌아오는 법이다"라며 친절을 경제적으로 강조한 것일까.

시간외수당 논쟁

공무원의 시간외수당 지급 문제를 둘러
싸고 행자부 인터넷 홈페이지에서 열띤 논쟁이 벌어진 적이 있다. 퇴근시간 이후에도 쓸
데없이 남아서 상사의 눈치를 보며 시간을 보내는 '공무원식 시간관리'를 개선해보자는
것이었다.

공무원의 시간외수당 지급 문제를 둘러싸고 행자부 인터넷 홈페
이지에서 열띤 논쟁이 벌어진 적이 있다. 퇴근시간 이후에도 쓸데없
이 남아서 상사의 눈치를 보며 시간을 보내는 '공무원식 시간관리'
를 개선해보자는 것이었다.

한 공무원이 '공무원 초과근무수당을 없애자'는 의견을 올렸다.
그는 "근무시간에 열심히 일하고 퇴근 후 자기발전의 기회를 갖는
직원은 불성실한 직원이 되고 근무시간에 개인용무를 보거나 빈둥
거리다가 늦게 남아 있으면 성실한 직원으로 인식되는 현실을 개선
해야 한다"고 지적했다.

또 "과연 늦도록 남아 있는 이들의 생산성이 얼마나 높을까. 아까
운 혈세만 낭비되고 공직 분위기도 흐려지는 원인이다. 정말 일이
많아서 밤늦도록 일해야 하는 부서가 있다면 그곳에 유동성 있게 인

원을 재배치하거나 업무를 재분장하는 등의 조치를 취해야 한다"고 했다.

이 글이 뜬 지 3시간도 채 못 돼 찬성의견이 올라왔다. 그는 공무원이 시간외근무를 하는 것은 세 가지 경우라고 했다. "첫째는 정말 일이 많은 경우, 둘째는 일도 없는데 윗사람 눈치 보고 앉아 있는 경우, 셋째는 공무원이 무능하여 아무리 열심히 일해도 근무시간 내 처리가 불가능한 경우"이다.

그의 처방에 따르면 "첫번째 경우는 직무분석이 잘 되지 않아 한 사람에게 업무가 폭주하는 것이므로 정확한 직무분석이 필요하며, 두번째는 국민의 혈세를 낭비하는 일이니 하루빨리 조직문화를 바꾸어야 하고 초과근무가 계속되면 조직의 책임자에게 엄중한 책임을 물어야 하며, 세번째는 직위해제 사유이므로 하루빨리 국가를 위해서 스스로 공직을 떠나야 할 것"이라고 했다.

또 "진정한 경쟁력은 근무시간이 많고 적음에서 나오는 것이 아니라 근무의 질에서 오는 것"이라며, "우리나라의 낮은 경쟁력은 그동안 낮은 임금에 따른 근무시간 연장이라는 손쉬운 방법으로 경영상의 어려운 문제를 해결했기 때문에 업무처리 과정에 있어서의 비효율이나 낭비적 요인을 제거하는 데 소홀해졌다"고 지적했다.

아울러 "조직을 관리하는 책임자는 직원들의 근무시간 연장을 통해 밀려오는 업무를 해결하려 하지 말고 근무시간은 더 이상 변동할 수 없는 고정된 요인으로 보고 업무처리 과정에 있어서 불필요한 요인들을 제거하고 직원들의 업무처리능력을 향상시키는 방향으로 해결해야 한다"고 나름대로의 해결책을 제시했다.

또 다른 공무원도 "초과근무 대장에는 이름 올려놓고 저녁 먹는
다고 술 마시러 나가서 밤늦게 확인대장에 사인이나 하러 들어오는
사람, 1시간 일하고 밤 12시까지 일했다고 확인대장에 기재하는 사
람, 별별 행태가 다 있으므로 아예 초과근무수당 지급규정 자체를 없
애고 그 돈 남으면 다른 수당으로 주든지 합시다. 사실 따지고 들자
면 국민 혈세가 새는 곳이 어디 한둘입니까"라고 했다.

시간외수당에 대한 시각차

그러나 반대의견도 만만치 않았다.

한 공무원은 "1년 열두 달 각종 상황이 벌어지는 재난, 재해, 화재
등의 업무를 담당하는 격무 부서 직원은 각종 사고와 태풍, 호우, 폭
풍으로 인해 여름철 휴가도 못 가는 형편인데 상황근무 시 저녁식대
를 제외하고는 밤새도록 고생해도 그에 상응하는 보상이 전혀 없다"
며 "단지 있다면 몇 푼 안되는 시간외근무수당뿐"이라고 자신의 처
지를 털어놨다.

또 "어느 누가 가족과 가정에서 즐거움과 편안함을 즐기고 싶지
않겠느냐, 땡 치면 퇴근하고 싶지 않은 사람이 어디 있느냐, 초과근
무수당에 환장한 사람이 있냐"며, "정말 일하지 않는 직원이 가짜로
시간외수당을 탄다고 하더라도 그런 사람 때문에 초과근무수당이
없어져야 하는가"라고 반문하기도 했다.

한 공무원은 이렇게 말한다. "시·군·구나 읍·면·동에 근무
하는 공무원들은 주민들과 직접 접촉을 하는 공무원이다. 조금만 불

편해도 그 원성이 매우 대단한 것이 현실이다. 초과근무수당을 폐지하자고 주장하는 분들은 새벽 4시 전화벨 소리에 깜짝 놀라서 깨어 눈을 비비며 폭설로 두절된 제설작업에 참여해봤는지. 11월 중순부터 5월 중순까지 산불발생에 대비하여 평일에는 이삼 일에 한 번씩 밤 10시까지, 일요일은 오전 10시부터 밤 10시까지 2주에 한 번씩 근무를 하는데 하루 12시간을 근무해도 4시간만 초과근무로 인정한다"며 오히려 시간외수당을 현실화시켜줘야 한다고 주장했다.

또 "시간외수당은 최근 도입이 논의되는 성과급과 관련된 문제이다. 성과급은 산출, 성과 등 결과 위주의 보수체계라 할 것이다. 이에 반해 초과근무수당은 투입이라는 과정 중심의 보수체계이다. 모든 일은 과정과 결과가 반드시 일치하는 것은 아니다. 아무리 열심히 일했더라도 주변 상황, 여건 등 불가항력적인 일로 좋은 결과가 나오지 않는 경우도 있다. 이런 경우의 보상을 위해서도 초과근무수당은 존재해야 한다. 이는 결과 중심의 성과급은 아니지만 넓은 의미의 실적급이라 할 수 있다"는 의견도 있었다.

결국은 공무원의 양식문제

시간외근무수당은 낮은 보수 속에서 격무에 시달리고 있는 하위직 공무원들의 보완적 처우개선을 위하여 타당하고 필요한 제도이다. 또 현대 노동법 정신의 산물이기도 하다. 그러나 공무원의 수당체계가 지나치게 복잡한데다 IMF 이후 각종 행정경비를 절감한다는 차원에서 재검토가 필요한 사안이기도 하다. 보수제도 개혁을 위해 현재 여러 가지 방안을 연구하고 있다.

'시간외수당'을 둘러싼 논쟁의 요점은 수당을 폐지하느냐, 그대로 두느냐 하는 것보다는 공무원의 작업능률 향상과 시간관리에 있는 것이다. "오늘 못 하면 내일 하면 되겠지" 하는 식의 업무처리는 바로 국가 경쟁력 저하로 이어진다. 일부 불성실한 공무원에게 돌아가는 몇 푼의 시간외수당이 문제가 아니라 공직사회의 생산성 향상이 문제의 핵심이다.

결국 이 제도가 바람직하게 운영되느냐 하는 여부는 공무원들의 양식에 달려 있다. 실제 근무를 하는지 누가 점검하고 확인해서가 아니라 스스로 원칙을 지켜 공무원으로서 신뢰와 품위를 지키는 일이 가장 중요한 것이다. 이런 문제는 공무원의 처우가 개선되고 공직사회의 의식수준이 높아짐에 따라 차츰 해결될 수 있는 문제이기도 하다.

'자살특공대'

여성의 권익이나 지위 향상을 담당하는 별도의 조직이 없이도 국가정책 결정과정의 모든 부분에서 여성의 입장이 반영될 수 있는 상황이 가장 바람직하다. 그런 의미에서 신설된 여성담당관실 직원들은 자신들을 가리켜 '자살특공대'라고 부른다고 한다.

취임 초 우리 부 소속 사무관 이상 14명의 여성 공무원들과 점심을 겸한 간담회를 가졌다. 참석자 중 한 사람이 그 자리에서 상당히 도전적인 건의를 하였다.

"장관의 수행비서가 여성인 경우가 한 번도 없었는데 여성 공무원을 수행비서로 한번 발탁해보세요. 여성이라고 수행비서 업무를 못할 이유가 없습니다. 아예 시켜보지도 않고 당연히 못할 것이라고 생각하는 남성 공무원들의 편견이 참 속상합니다."

우리나라 공무원 3명 중 1명은 여성이다. 97년 말 현재 우리나라의 여성 공무원 수는 26만5천여 명으로 전체 공무원의 28.7%를 차지한다.

그러나 공직사회의 조직문화는 아직도 남성 위주로 돼있다. 최근 행자부에서는 '공직사회 여성정책과 남녀평등'이란 주제로 설문조사를 한 적이 있다.

채용, 보직, 승진 등 전반적인 인사관리 측면에서 성차별이 있느냐는 질문에 남성은 '극심한 성차별이 있다' 는 인식이 4% 이하인 반면 여성의 경우 채용을 제외한 전반적인 면에서 차별이 있다는 인식이 80%를 넘었다.

또 여성 공무원의 근무태도에 대해 남성들은 '조직 내 유대감이 약하다', '업무 자체가 여성에게 어울리지 않는다', '단순하고 편한 보직만 찾는다' 고 지적해 편견이 심한 것으로 조사됐다.

공직사회의 성차별 원인에 대해서도 남녀 공무원의 인식차는 뚜렷했다. 남성들은 '사회적 관습과 구조'(42%), '여성 공무원의 능력과 노력 부족'(32%)에서 원인을 찾은 반면, 여성들은 '공직사회의 관행과 보수성'(41.6%), '관리자의 차별적 여성관'(17.2%)을 꼽았다.

성희롱 경험 여부를 묻는 질문에는 여성의 56.4%가 '여성비하의 모욕적 언사' 를 경험했다고 답했으나 남성공무원 대부분은 '성희롱이 없었다' 고 응답해 큰 시각 차이를 보였다.

지금까지 여성문제는 우리 모두의 문제로, 함께 해결해야 할 과제로 인식되기보다는 마치 여성만을 위해 존재하는, 여성에게만 그 이익이 돌아가는 문제로 여겨져왔다. 또한 여성정책에 대한 논의 대부분이 정책적이고 객관적인 접근보다 남녀의 논리, 성의 논리라는 지극히 주관적인 접근으로 받아들여졌다.

여성문제가 과연 여성에게만 국한된 문제인가. 그런 논리라면 노인문제와 아동문제도 노인, 아동에게만 관련된 문제로 보아야 할 것이다. 여성문제는 나의 문제고, 우리 모두의 문제이다. 내 아내, 내 딸, 내 며느리, 내 손녀의 문제인 것이다. 우리가 한 인간으로서 가족을 구성하고 부닥치는 모든 문제들은 어느 것 하나 고립되어 움직이는 것이 없다.

여성문제에 대한 남녀의 온도차

행자부 인터넷 홈페이지에는 여성정책에 대한 다양한 의견을 개진할 수 있는 '평등사랑방 코너'가 마련돼 있다. 그 내용을 들여다보면 여성문제는 아직도 우리 사회가 함께 끌어안고 가야 할 문제로써 고민하는 대상이 아니라 남녀간의 감정대립과 언쟁의 줄다리기 수준에 머물러 있는 것 같아 안타깝다.

남북대치라는 특수한 안보상황에서 의무병제를 실시하고 있는 우리의 경우 군복무를 마친 사람들에게 공무원 임용시험이나 민간기업 취업시 일정한 가산점을 부여하고 있다. 예를 들면 6급 이하의 공무원 임용시험에서 2년 이상 군복무자는 5%, 2년 미만 군복무자는 3%의 가산점을 준다.

이 제도는 80년대 후반부터 여성과 군 면제자들 사이에 논란이 돼왔는데 최근 '제대 군인 지원에 관한 법률 시행령' 개정과 관련, 또다시 논쟁의 초점이 되었다. 평등사랑방 코너에는 하루에도 수십건씩 다양한 의견이 올라왔다.

"군가산점은 성차별이 아니다. 남자들한테만 주는 점수가 아닌 제대 군인에게 주는 가산점이므로 군 출신 여자들도 당연히 받을 수 있다. 오히려 여자들이 왜 남자만 군대 가게 하는가, 여자들도 군대 가게 해야 한다고 주장하는 게 맞다. 즉 여성들도 얼마든지 가산점 혜택을 받을 수 있는 기회가 있다. 그렇다고 솔직히 그것 때문에 군대 갈 여자가 있을까. 군대 갔다 온 사람들은 안다. 차라리 감점도 불사할 테니 군대만 빼주라."

"남자들이 가산점 때문에 군대를 가지는 않는다. 가산점 대신 군대에 갔다 온 만큼 호봉수를 인정하는 게 좋겠다. 또 국방의 의무와 병역의 의무를 혼동하는데 모든 국민은 국방의 의무가 있지만 병역의 의무는 분명 남성의 의무다. 이런 전제를 망각하고 억지논쟁을 일삼으면 안된다."

"아예 제대 군인 가산점과 여성채용목표제를 동시에 폐지하자. 제대 군인 가산점으로 여성에게 공정한 경쟁이 되지 못하도록 하는 핸디캡을 주고서 여성의 공직임용기회를 확대하겠다는 취지로 여성채용목표제를 도입한 것은 여성에게 병 주고 약 준 격이라고 할 수 있다."

"여성에게도 군복무의 기회를 줘야 한다. 군대는 성격상 남성의 전유물로 여겨져 왔다. 그러나 이제는 시대가 바뀌었다. 군대 내부에서도 오히려 어떤 분야는 여성이 훨씬 능력을 발휘하는 곳이 많다."

결국 제대군인 가산점 제도는 그 인센티브가 적합하고 정당한 것인지, 비해당자의 공직 진출 기회를 얼마만큼 침해하는 것인지, 그에 대한 현실적 해결책은 없는지에 대한 진지한 논의로 흐르기보다는 이 제도를 찬성하는 남성의 입장, 반대하는 여성의 입장에서 팽팽히 맞선다.

그러나 제대 군인 가산점제도와 여성채용목표제는 도입 취지와 의미부터가 서로 다르다. 남성과 여성 각각에게 혜택을 주기 위해 설치되었거나 한 제도에 대한 대응책으로 등장한 것이 아니라는 뜻이다. 따라서 이 두 제도의 본래 취지를 살리되 모든 사람의 공직 진출 기회가 침해되지 않는 합리적인 방안을 지속적으로 강구해 나가야 할 것이다.

여직원 인사는 국장 인사보다 어렵다

한 기능직 여직원은 장관과의 대화방에 여직원 인사에 대한 바램을 보내왔다. 여성공무원이 다수를 차지하면서도 늘 관심 대상에서 비켜났던 그들의 어려움을 이해하는 데 도움이 됐다.

"부속실(국장급 이상의 비서실) 여직원을 일반 실·과에도 배치하고 계속 워드프로세서를 다루는 단순 반복 작업으로 인해 신체에 무리가 있는 여직원이나 격무부서에서 근무한 여직원들을 부속실로 배치하는 것은 어떨는지요. '한 번 비서는 영원한 비서다' 는 정말 곤란하다고 생각합니다.

항상 끗발이 있고 힘 있는 과나 부속실에 근무한다는 이유만으로, 특채라는 미명 아래, 특별한 직급을 부여받고 시·도로 사라지고…. 형평성과 사기 앙양 측면에서도 더 이상 이런 일이 있어서는 곤란합니다. 누구에게나 기회는 균등하게 주어져야 마땅하고 옳은 일이라고 생각합니다. 저희 많은 여직원들의 말없는 침묵을 깊이 헤아려주실 것을 간절히 바랍니다."

부속실 여직원의 업무가 상대적으로 편하다보니 실무부서 여직원과의 차별이 생긴 것 같다. 대개 비서 출신이 고위 공무원과 인맥이 닿아 있고 인사에서 특혜를 받는 것도 공공연한 사실이다.

이 같은 건의를 받아들여 100명에 달하는 부내 기능직 여직원들에 대해 대폭 교류인사를 단행했다. 특히 부속실에서 3년 이상 장기 근무한 여직원은 거의 예외 없이 교체했다.

사실 여직원 인사는 국장급 인사보다 어렵다는 얘기도 있다. 그러나 '공정' 해야 할 인사원칙이 누구에게도 예외가 되어서는 안된다는 것이 한결같은 나의 생각이다.

국민의 정부 출범과 동시에 행정자치부를 비롯한 5개 부처에 여성 담당관실이 생겼다. 이는 대통령 직속 여성특별위원회 설치와 더불어 현 정부의 여성우대 정책을 보여준다.

그러나 여성의 권익이나 지위 향상을 담당하는 별도의 조직이 없이도 국가정책 결정과정의 모든 부분에서 여성의 입장이 반영될 수 있는 상황이 가장 바람직하다.

그런 의미에서 신설된 여성담당관실 직원들은 자신들을 가리켜 '자살특공대' 라고 부른다고 한다.

이들의 노력과 헌신을 통해서 조만간 우리 사회도 남성과 여성이 서로 존중하고, 사회발전을 위해 동반자로서 능동적으로 참여하고, 또 균등한 기회가 제공될 수 있기를 기대한다.

하루빨리 그러한 상황이 실현되어 기쁜 마음으로 여성담당관실의 폐지를 논할 수 있게 되기를 바란다.

공무원과
언론의 '접속'

공무원 사회에서 기자는 '불가근 불가원(不可近 不可遠)'이라는 말이 있다. 너무 가까이 해서도, 멀리 해서도 안된다는 것이다. 너무 가까이 하면 공직사회 내부의 정보를 흘리게 돼, 한 번은 당하게 마련이고, 너무 멀리 하면 새로운 정책을 발표하거나 필요할 때 언론을 활용하기 어렵다는 뜻이다.

공무원 사회에서 기자는 '불가근 불가원(不可近 不可遠)'이라는 말이 있다. 너무 가까이 해서도, 멀리 해서도 안된다는 것이다. 너무 가까이 하면 공직사회 내부의 정보를 흘리게 돼, 한 번은 당하게 마련이고, 너무 멀리 하면 새로운 정책을 발표하거나 필요할 때 언론을 활용하기 어렵다는 뜻이다.

그러나 일부 공무원들은 언론에 대해 불만을 갖고 있는 모양이다.

행자부 인터넷 홈페이지 '열린 마당'에 한 공무원이 '관공서의 기자실을 폐쇄하라'는 내용이 글을 올렸다. 기자실 폐쇄 주장이 공공연히 제기된 것은 공직사회의 구조조정이 시작되면서 언론들이 공무원을 '철밥통'이라고 묘사하면서 비롯됐다.

'철밥통'이란 이름의 게시자는 "20년이 되는 작년의 내 봉급은 한국 굴지의 회사도 아닌 중급회사의 4년차 연봉과 같았다. 그러나

올해 감봉으로 그 회사의 3년차보다 조금 많다"면서 "이러한 많은 사람들을 모두 철밥통으로 매도한 신문사와 기사를 작성한 기자를 공개하고 사과받기를 원한다"고 적었다.

공직사회에 대한 언론들의 잘못된 인식, 좁은 사무실 여건에서 넓은 기자실을 무상으로 사용하고 있는 점, 고위 공무원들이 기자들에게 필요 이상으로 저자세를 보이고 있는 점 등도 비판의 대상이 됐다.

한 게시자는 "과거 5공 시절의 언론통폐합에 대해 국민들이 찬사를 보냈다"면서 언론을 정리해달라고 했다. "지방 언론사 기자들이 행정기관 기자실에서 무엇을 하고 있는지, 어떤 문제를 야기시키는지 실태를 낱낱이 파악하여 해결해달라"는 요구도 있었다.

그러나 이같이 과격한 주장에 반대하는 사람도 있었다. 한 공무원은 "관공서의 기자실은 국민의 알 권리를 충족시키기 위한 신속한 정보 제공의 장소라는 측면이 있다"면서, "공개행정, 투명한 행정을 외치는 지금, 언로를 막는다는 오해를 불러일으킬 수 있는 폐지 주장은 재고해야 한다"고 지적했다.

언론도 균형 있게 발전해야 제역할을 한다

나는 공직사회와 언론의 관계가 생산적으로 발전돼야 한다고 생각한다. 공무원들은 언론을 통해 정책의 취지를 명확히 설명하고 국민의 이해와 협조를 구해야 한다. 또 언론은 국민의 뜻을 정확히 반영해 국가발전에 도움이 돼야 한다.

언론을 통한 여론형성은 민주주의의 기본이다. 시장경제의 최고

봉으로 모든 분야에서 독과점 금지 및 공정거래의 원칙이 철저히 지켜지는 미국에서도 언론산업에는 여러 가지 지원을 아끼지 않는다.

그것은 언론이 정부를 비호하거나 권력의 시녀 역할하기를 바라서가 아니다. 미국의 토대인 민주주의를 지키기 위해서는 여론이 중요하며 언론이 무너져서는 다양한 여론형성이 불가능하다는 생각 때문이다.

우리 사회에서 언론은 입법부, 사법부, 행정부에 이은 제4부, 또는 '선출되지 않은 권력'이라고 불릴 만큼 막강한 권한을 누려왔다. 그러나 다양한 정보매체가 발달하고 민도가 높아지면서 어떤 절대 권력도 발붙이기 어렵게 됐다. 언론은 앞으로 사회의 주도적 역할을 담당할 시민사회에서 공론형성의 장이 돼야 한다.

특히 막강한 중앙언론과 열악한 지방언론이란 해묵은 양분구도가 해소돼야 언론의 참다운 발전이 가능하다고 생각한다. 한 공무원의 지적처럼 지방행정기관으로 내려갈수록 경영이 어려운 소규모 지방지들의 횡포에 시달리는 경우가 생긴다.

앞으로 지방자치시대와 함께 '지방언론시대'가 와야 한다. 물량 경쟁을 그만두고 다양한 매체가 다양한 시민들의 목소리를 담아내는 언론의 다원화가 절실하다.

다가오는 21세기는 명실상부한 지방화 시대이다. 과거에는 중앙에서 모든 권한을 독점했으나 앞으로는 지방 스스로 자신의 일을 결정하게 된다. 분권이란 획일적 사고를 몰아내고 민주주의와 창의성, 다양성을 살리는 것이다.

예를 들어 포항제철이 제대로 물건을 만들고 수출하도록 도와주는 데는 중앙부처보다 포항시가 더 유리하다. 또 포항과 서울의 관계보다는, 포항과 신일본제철이 위치한 기미츠, 오이타의 관계가 더욱 긴밀해질 것이다. 요즘 전세계는 국경의 의미가 없어지면서 지역과 지역 사이의 협력과 경쟁이 활발해져 '지역연방제'란 개념까지 도입되고 있다.

부산은 한국의 헐리우드를 꿈꾸고 있다. 국제영화제가 성공했고 대규모의 복합영상관이 들어선다. 영화제작에 투자하는 업체들도 등장했다. 광주는 비엔날레로 유명해지면서 예향의 이미지를 더욱 높이고 많은 돈도 벌어들였다.

이처럼 지방 하나하나가 독자적인 발전을 이룰 때 국가 전체의 수준이 한 단계 도약하는 것이다. 지방의 발전은 중앙의 몇 사람이 할 수 없는 일이다. 이것이 지방자치의 본뜻이다.

행정처럼 언론도 분권화돼야 한다. 포항의 지방지가 서울의 중앙지보다 지역경제에 더욱 많은 관심과 애정을 기울이고 보다 충실한 기사를 실을 수 있다. 이렇게 되면 포항시민들이 굳이 중앙지를 구독할 필요가 없게 될 것이다. 방송도 마찬가지로 로컬 프로그램의 비중이 점차 늘어나야 한다.

미국 전역에는 1,500개가 넘는 일간지가 있는데 이중 80% 이상이 발행부수 5만부 이하의 소도시 커뮤니티 신문이다. 뉴욕 인근의 소도시에서 발행되는 신문은 단 9,000부를 발행하면서도 100년 이상 발행되고 있다고 한다.

세계적인 신문 뉴욕타임스와 워싱턴포스트도 철저히 지역신문임을 자랑한다. 뉴욕이 국제무역과 금융의 중심지란 지역적 특수성 때문에 뉴욕타임스는 국제기사에 많은 부분을 할애하고 있다. 뉴욕타임스의 국제면은 세계적 권위를 자랑하고 있다.

또 워싱턴이 미국의 수도인 이유로 워싱턴포스트는 정치면에 상당한 비중을 두고 있다. 미국 대통령이 주요 보직에 사람을 임명하려면 일단 워싱턴포스트에 정보를 흘린다고 한다. 워싱턴포스트를 통해 검증을 거쳐야만 뒤탈이 없다는 것이다.

수준 높은 언론은 민주주의와 시장경제의 튼튼한 토대가 된다. 공직 사회와 언론이 동반자가 돼서 21세기의 국가비전을 실현해 나가야 할 것이다.

4 비리 · 무능 · 무사안일의 행정사각지대

주인 없는 산하단체

비힙리직이고 방만한 정부 산하단체의 조직 운영과 인적 관리는 공공부문의 생산성과 효율성을 따지기에 앞서 국민과 고통을 함께 한다는 측면에서도 반드시 정리하고 넘어가야 할 과제이다.

정부 산하단체의 방만한 운영은 어제 오늘의 일이 아니다. 전문성이 떨어진 낙하산 인사, 주먹구구식 자산운용으로 속 빈 강정이나 마찬가지다. 가장 대표적인 사례를 행자부 산하의 대한지방행정공제회에서 찾아볼 수 있다.

지방행정공제회는 1998년 4월 말 현재 20만9천여 명의 행정자치부와 지방자치단체 공무원이 가입한 단체이다. 회원 한 사람이 1구좌당 1,000원씩 10구좌에서 300구좌(30만 원)까지 자유롭게 들 수 있고, 이 돈을 가지고 고수익 금융상품과 수익사업을 벌여 생활안정자금, 학자금, 주택구입자금 등 각종 자금을 대여해 주고 회원복지사업을 벌이는 곳이다.

그런데 이곳의 방만한 운영이 문제가 돼 자체 감사를 벌인 결과 총자산 7천억 원 가운데 주식투자로 1천1백억 원을 날린 것을 비롯해 해외투자, 신용금고 매입, 부동산 투자 등으로 무려 총자산의 26%나 되는 2천여억 원을 손해 본 것으로 드러났다.

1994~95년 재직했던 K이사장은 주가지수가 1,000포인트 이상 올라간 과열기에 자산의 40.5%를 주식투자에 쏟아부었다. 또 후임자인 P이사장은 IMF 직후 주식이 300 포인트대로 떨어졌을 때 주식을 매도해 2백30억 원을 손해 보는 등 2년 남짓한 재임기간 중 1천 33억 원의 손해를 끼쳤다.

이들은 주식을 사거나 파는 과정에서 법적 기구인 '유가증권 투자위원회'를 유명무실하게 운영한 것은 물론, 공제회 내 이사나 감사의 의견도 무시했다. 또 기금을 금융기관에 예탁하는 과정에서도 '기금운영자문위원회'를 운영하지 않고 임원들의 자의적인 결정으로 예탁기관을 정하거나 정치권의 청탁 사실이 발견되기도 했다.

해외투자의 경우 공제회 기금 1천만 달러와 은행 외화차입 1천만 달러를 인도네시아와 태국에 투자했는데 동남아시아의 외환위기가 닥치면서 4백38만 달러나 손해를 봤다.

상호신용금고는 96년 매입시 부실채권 규모가 30억 원이었으나, 문민정부 시절 모 장관이 추천한 군 출신 인사가 사장으로 재직하면서 한보그룹에 41억 원을 대출하는 등, 2년간 방만한 운영으로 인해 부실채권 규모가 자기자본 130억 원의 75%인 98억 원에 이르게 되었다.

공제회는 또 대전시장 출신 L이사장의 뜻에 따라 대전에 68억 원의 부지를 사들여 특급 호텔을 지으려다가 오피스텔로 사업을 변경, 분양율이 2%에 그치자 다시 2급 호텔로 계획을 바꾸는 등 부동산 투자 손실과 기회비용을 포함, 1백억 원의 손해를 자초했다.

한마디로 경영 마인드와 노하우가 없는 이사장, 임원, 부장, 차장 등의 주먹구구식 운영과 특정 개인의 정실에 의한 자의적 결정이 누적돼 총체적인 부실을 가져온 것이다.

이 같은 감사결과를 바탕으로 인원을 30% 감축하는 등 과감한 구조조정을 단행하고 자산손실에 책임이 있는 직원들을 해임 또는 문책하도록 했다. 그러나 결정적 손실을 끼친 역대 이사장과 고위 임원들은 이미 자리를 떠난 상태였다.

공제회의 사례에서 보듯이 정부 산하단체의 투명한 경영을 위해서는 퇴임 공직자들의 자리 보전 대신 전문 경영인을 공채하는 게 급선무다. 그러나 이것은 관련 공무원이나 산하단체 자체의 반발 때문에 쉽지가 않다. 특히 산하단체를 철저히 감시 감독해야 할 담당 공무원이 오히려 울타리 역할을 하고 유착관계를 맺는 경우도 있다. 정부 산하단체에서는 '장관도, 이사장도 아닌 담당 과장이 하느님'이란 말이 있을 정도다.

산하단체는 노후보장처?

지방행정공제회와 같이 큰 기금을 다루는 단체의 경영 상태는 이제 투명하게 공개돼야 한다. 행자부 산하에는 지방행정공제회 이외에 공무원연금관리공단, 지방재정공제회 등 3개의 기금관리기관이 있다.

지방행정공제회의 부실 사례를 계기로 이들의 경영 상태를 외부 컨설팅 회사에 의뢰해 정확히 진단하고 개선방안을 모색하려고 한다. 또 전문 경영인 채용을 제도화하고 결산절차를 강화하는 등 여러 가지 제도를 마련하고 있다.

정부 산하단체의 문제는 산적해 있다. 감사원이 49개 정부출연기관에 대해 감사한 결과 각종 편법으로 정부출연금을 과다하게 받아내 인건비와 자체 운영경비 등으로 남용하고 무려 2천억 원의 예산을 전용했다는 것은 이미 보도된 사실이다.

어떤 곳은 정부가 자체 수입 부족분을 매년 출연금으로 보전해주는 것을 악용해 수입을 축소하는가 하면 어느 기관은 금융기관 예탁 이자를 기관장 업무추진비로 전용하기도 했다. 심지어 한 연구원에서는 단란주점 술값을 연구비로 지불하고 또 다른 곳은 차입한 외화를 비연구직원의 해외연수 등에 낭비했다니 정말 한심한 노릇이 아닐 수 없다.

1960년대 이후 문어발식 확장을 거듭해 온 재벌보다 더욱 비대해진 곳이 공직사회다. 특히 정부 산하단체나 출연기관이 큰 비중을 차지하고 있다.

대통령직인수위원회가 파악한 바로는 1998년 1월 말 현재 중앙에만 무려 552개의 산하단체가 있으며 이곳에 속한 인력이 38만 명, 예산은 정부예산의 2배에 가까운 1백31조 원 규모다.

QUANGO(Quasi Autonomous Non-Gvoernmental Organizations)라고 불리는 정부 산하단체는 당초 일본 모델에 따라 만들어졌다. 관료 중심의 국가에서 모든 일을 공무원들이 직접 하기 어려우니까 방계조직을 불린 것이다. 그러나 자율성도, 효율성도 찾아보기 힘들다. 종주국인 일본에서도 정부 산하기관의 운영은 많은 경우 실패로 지적되고 있다.

특히 공무원들이 자신의 노후를 보장해주는 곳인 만큼 산하단체 개혁에 적극 나서지 않는 것은 큰 문제가 아닐 수 없다. IMF 경제 여건 하에서 평생 공직에서 보낸 고위 공무원들이 퇴직 후 산하단체의 임원으로 재취업해 연금과 월급을 동시에 받고 있는 현실에 대해 많은 국민들이 문제를 제기하고 있다.

IMF 관리체제로 들어가면서 능력 있는 전문인력도 일자리를 찾지 못해 고통받고 있다. 비합리적이고 방만한 정부 산하단체의 조직 운영과 인적 관리는 공공부문의 생산성과 효율성을 따지기에 앞서 국민과 고통을 함께 한다는 측면에서도 반드시 정리하고 넘어가야 할 과제이다.

여전한 '투캅스'형 비리

비리 공무원들은 상부의 개혁의지를 비웃기라도 하듯이 계속 부정부패를 저지른다. 공직자 비리 척결에 개혁작업의 성패가 달려 있다 해도 과언이 아니다.

국민의 정부가 출범한 이후 극심한 경제난과 공직사회의 개혁 분위기 속에서도 공무원들의 비리가 끊이지 않고 있다. 한쪽에서 비리 사실이 적발돼 공직에서 쫓겨나고 처벌받는 동안에도 다른 한쪽에서는 여전히 같은 유형의 비리가 저질러지고 있다. 정권이 바뀌고 사정한파가 몰아쳐도 일부 도덕성이 마비되고 부패한 공무원들의 비리가 날만 새면 터져나오고 있다.

우리 사회의 비리구조가 결코 공무원만의 문제는 아니다. 이권 있는 곳에 '검은 먹이사슬'이 존재하는 것을 모르는 사람은 없다. 정치인들이 불법 정치자금을 받고 고위 공직자와 대기업 사이에 억대의 로비자금이 오가는 일이 언론에 연일 대서특필되고 있다. 고위층부터 뼈아픈 자성이 요구되고 있다.

그러나 최근의 공직 비리는 직급이 낮은 하위직일수록, 인허가 및 단속권을 가지고 국민들과 직접 대하는 일선 공무원일수록 구조적인 비리를 저지르는 경향을 나타내고 있다. 뇌물 비리가 고질화, 관행화되고 부정부패가 심화되고 있다는 데 문제의 심각성이 있다. 공직비리는 사회 전반적으로 비리에 대한 감각을 무디게 만들고 있다.

공직 비리의 결정판

지난 1월 초 서울시의 한 6급 행정주사가 재개발업자로부터 2억여 원의 뇌물을 받은 혐의로 구속된 사건과 서초구청 위생과 직원들의 공짜술 사건은 하위직 공무원들의 비리가 위험수위를 넘어서고 있다는 것을 극명하게 보여주고 있다.

하위직 공직자가 한 재개발업자로부터 2억 원이 넘는 현금을 뇌물로 받았다는 사실도 놀랍지만, 소득이라고는 부모에게 물려받은 재산도 없이 봉급밖에 없는데도 전국에 200억 원 대가 넘는 부동산을 가지고 있는 것으로 드러나 큰 충격을 주었다. 이른바 노른자위로 알려진 도심재개발사업 인허가를 담당하는 재개발과에 12년간 장기 근무하면서 상사들에게는 수시로 고가의 선물을 상납하고 자신이 타부서에 발령나는 것도 취소시켜버렸다고 하니 가히 공직 비리의 결정판이라 아니할 수 없다.

또 구청 위생과 직원들이 4년 동안 한 단란주점에서 47차례에 걸쳐 1천3백만 원어치의 술을 공짜로 마셨다는 보도는 인허가권을 가진 민원부서가 어떤 곳인지 짐작케 하는 사건이었다. 이들은 업주의 탄원서가 접수되자 부랴부랴 돈을 거둬 갚았다고 하니 스스로 혐의를 인정한 셈이었다. 이 같은 사례는 유흥업소와 인허가·단속 부서

간의 비리사슬의 한 단면을 보여주는 것에 불과하며 실제 이들 부서에 근무하는 하위직 공무원들 사이에서는 '마음먹고 업소를 돌아다니면 엄청난 돈을 모을 수 있다' 는 것이 공공연한 사실로 인식되고 있다고 한다. 이처럼 새 정부가 들어서서도 여전히 국민들과 밀접한 대민부서 공무원들의 비리는 끊이지 않고 계속되고 있는 것이다.

시대가 변해도 여전한 부패의 고리

서울 강남 일대에서 유흥업소의 불법행위를 단속해야 할 경찰관과 구청의 단속 공무원들이 억대의 돈을 상납받아오다 검찰에 적발됐다. 경찰관 5명, 구청직원 4명이 3군데 유흥업소로부터 접대부 고용, 시간외 영업 등을 묵인해주는 대가로 1년여에 걸쳐 매달 5백만~8백만 원씩 모두 2억 원이 넘는 돈을 받았다.

이중 주동자인 P모 경사는 혼자 1억 원이나 챙겼는데 강남의 59평짜리 아파트에 살면서 과천, 강남 등지에 아파트와 상가 등 10여 건의 부동산을 가진 재력가로 드러났다. 또 나머지 공무원들도 상납받은 돈으로 고급 승용차를 두 대씩 굴리고 심지어 첩까지 두는 등 호화생활을 해왔다.

더욱 기가 막힌 것은 유흥업소의 업주가 알아서 돈을 주기보다는 경찰관이나 구청 공무원들이 먼저 업소를 찾아가 상납금을 요구한 것이다. '개업 후 1천만 원을 채우고 다음 달부터 5백만 원씩 내라' 는 등 노골적으로 액수까지 정해줬다고 한다.

이 일이 밝혀진 뒤 돈을 받은 이들과 유흥업소 업주가 사법처리된 것은 물론, 해당 경찰서장까지 직위해제시켰다. 또 강남구청은 단

속 공무원과 유흥업소 업주와의 유착비리를 근절시키기 위해 위생
과 감시계를 폐지하고 단속업무를 민간단체로 넘겼다.

그러나 대통령부터 일반 서민에 이르기까지 비리 공무원을 지탄
하고 해당자가 사법 처리되고 제도가 바뀌었다고 해서 서울 강남에
서 이 같은 일이 더 이상 일어나지 않는다고 누구도 장담할 수 없다.

이 일이 있은 지 얼마 안돼 울산의 한 호텔 증기탕에서 도청, 구
청, 경찰서 등 관공서에 뇌물을 상납해 온 사실이 또 드러났다.

이곳의 상납장부에는 경찰서 보안과장 50만 원, 방범계장 20만
원, 파출소 70만 원, 세무서 115만 원 등 기관별 상납내역이 날짜와
함께 기록돼 있었다. 이들은 여종업원을 고용해 상습적으로 윤락행
위를 시키면서 이를 눈감아준 공무원들에게 월평균 3백만~4백만 원
씩 상납했다고 한다.

서울 광진구 화양동 윤락가에서는 포주가 작성한 경찰관 상납 리
스트가 나왔다. 일부 경찰관의 갈취에 가까운 금품 요구를 견디지
못해 폭로한 것이다. 14개월 동안 관내 경찰관 20여 명에게 5천4백
만 원을 뜯겼다는 내용이다.

평택시의 택지개발공사를 하청받은 한 건설업체가 원청업체와
담당 공무원에게 뇌물을 주느라고 부도가 났다고 공개해 충격을 주
기도 했다. 재하청 과정에서 공사비가 깎이고 사소한 설계를 하나
바꿀 때 마다 수십 차례에 걸쳐 담당 공무원에게 뇌물을 바치다보니
까 남은 돈은 원래 책정된 공사비의 53%였다고 한다.

이 사건을 보면 부실공사가 왜 생기고 중소업체들이 왜 부도가
날 수밖에 없는지 적나라하게 드러난다. 공무원들의 비리는 그 자체

가 독직과 치부에 그치지 않고 부실공사로 이어져 결국 국민에게 부담이 돌아간다.

정권이 바뀌어도 경찰서, 파출소, 구청, 세무서, 소방서 등에서 여름 휴가비다, 회식비다 하면서 관내 유흥업소와 기업을 갈취하는 행위는 여전한 것이다. 또 구청에 6백50만 원어치의 물품을 납품하는데 경리 담당자가 수고비로 2백만 원을 달라고 했다가 주지 않자 다시 80만 원만 달라고 했다는 이야기도 들린다.

특히 올해, 중부지역 집중폭우로 인한 수해로 이재민에게 수재의연품을 전달하는 과정에서 작업에 참여한 파주시의 일부 공무원들이 의류, 식품 등 구호품 일부를 빼돌렸다가 적발된 사실은 윤리의식 마비라고밖에는 표현할 수 없다.

이들 공무원은 하루아침에 삶의 터전을 잃은 수재민은 물론, 빠듯한 생활 속에서도 따뜻한 마음을 담아 보냈던 국민들을 배반하고 결국 이들 사이를 갈라놓은 것이다.

해결책은 있는가

비리 공무원들은 상부의 개혁의지를 비웃기라도 하듯이 계속 부정부패를 저지른다. 공직자 비리 척결에 개혁작업의 성패가 달려 있다 해도 과언이 아니다.

그래서 행자부에서는 인터넷 홈페이지에 장관 전용 '공무원 부조리 신고방'을 신설했다. 행자부 본부와 지방자치단체, 산하단체 등의 공무원이 직무와 관련, 비리와 부정을 저지를 경우 직접 신고를 받아 바로 처리하게 된다. 그러나 공직사회의 비리가 없어지기 위해서는 네 가지 해결책이 반드시 필요하다고 본다.

첫째 해결책은 대통령부터, 장관부터, 간부들부터 깨끗해야 한다. 장관은 뇌물 받으면서 국장에게는 받지 말라, 국장은 뇌물 받으면서 과장에게는 받지 말라고 하는 것은 설득력이 없다. 정권의 핵심부부터 깨끗해져야 한다. 옛 선비들이 도덕이 높은 인자(仁者)가 높은 자리에 있어야 한다고 강조한 것도 바로 이 때문이다.

둘째는 공무원들이 마음대로 법을 적용할 수 없도록 합리적인 기준을 마련하고 행정절차를 대폭 개선해서 공직자들이 비리를 저지를 소지를 아예 없애야 한다. 또 불필요한 규제는 쓸데없이 국민을 괴롭힐 뿐 아니라 비리를 양산하는 원천이다. 미국 같은 선진국은 우리보다 오히려 공무원의 재량이 적은 편이다.

셋째는 조그만 비리가 한 건만 발각되더라도 철저히 관련자를 색출해 형사처벌하고 공직에서 발붙이지 못하도록 감사와 감찰을 강화해야 한다. '이 정도야 관행화된 촌지니까 괜찮겠지' 하는 도덕적 해이를 바로잡고 공직사회의 기강을 세워야 한다. 그리고 공직사회에서 부정을 저지른 공직자는 사기업에도 취직을 제한해서 공직 비리를 원천적으로 차단해야 한다.

넷째는 공직자가 자신의 맡은 일만 열심히 하면 자식들 공부시키고 먹고 사는 데 지장이 없다는 생각을 갖도록 생활보장을 해줘야 한다.

한 공무원이 "아이를 유치원에 보낼 형편이 안돼서 집안에 두었더니 같이 놀 친구가 없다"고 불평하는 것을 들었다. 공무원들의 생계는 보장해주지 않으면서 '딴 데 한눈팔지 말고 유혹에 빠지지 말라', '청렴하게 생활하라' 고 아무리 목소리를 높여도 소용이 없다.

앞으로 불필요한 행정조직을 줄여 인력을 감축하고 정원을 제한하면 공무원들의 처우도 현실에 맞게 개선되어야 한다. 나아가 열심히 일하는 사람에게는 봉급도 더 주고 게으른 사람에게는 적게 줘서 차등을 둬야 한다. '내가 열심히 일하고 깨끗하게 하니까 월급도 많이 받고 승진도 빨리 되더라. 좋은 보직에 가더라' 하는 생각이 뿌리 내릴 때 부정과 비리의 여지가 줄어들고 경쟁원리가 살아나는 것이다.

적극적인 해결 의지로 끊어내야 한다

이 같은 해결책 이외에도 공직사회의 비리가 근본적으로 없어지려면 공직자 스스로의 자세 전환이 필요하고 국민들의 의식개혁도 따라줘야 한다.

부정한 돈을 받는 사람도 문제지만 돈을 주고 해결하려는 사람도 문제다. 우리나라에서 살다가 미국으로 이민 간 사람이 교통법규를 어겨 단속 경찰에게 걸리자 돈을 주고 해결하려다가 오히려 더 큰 망신을 당하고 뇌물공여죄까지 적용돼 더욱 심한 처벌을 받았다는 것은 잘 알려진 이야기다.

동시에 건전한 고발정신이 필요하다. 주변에서 뇌물을 받고 비리를 저지르는 공무원을 보면 무책임하게 욕이나 하면서 그냥 지나치지 말고 고발해서 바로잡는 노력이 필요하다. 혹시 자기에게 불이익이 돌아올까 망설이는 태도는 성숙한 시민의 자세가 아니다.

나는 공직자들에게 세 가지 덕목을 늘 강조한다. 첫째는 국가와 국민을 위해 헌신 봉사하겠다는 것, 둘째는 평생 동안 청렴하게 살겠다는 것, 셋째는 항상 신중한 자세로 생활하겠다는 것이다. 공직자는 봉사 정신과 청렴함도 갖춰야 하지만 아울러 신중해야 한다. 매사에 신중하지 못하고 졸속으로 정책을 만들어 집행할 경우 국민들이 엄청난 피해를 보고 국가에도 손해를 끼친다. 이런 세 가지 각오 없이 공직을 택했다면 국가를 위해서도, 개인을 위해서도 불행한 일이다.

물론 이런 의식개혁이 하루아침에 이뤄지는 것은 아니다. 권력의 핵심부부터, 고위 공작자부터, 정치권부터 의지를 갖고 고쳐나가야 할 것이다.

현대판 청백리

청백리는 청렴결백한 관리를 일컫는 말로 『조선왕조실록』에 따르면 명종 때 관리 중 품행이 단정하고 관직을 깨끗이 수행한 자를 '염근리(廉謹吏)'로 선발하고, 그가 죽으면 '청백리'로 결정했다고 한다.

공무원 사회에 대한 불만의 골이 깊어서 그런지 아니면 개혁에 대한 기대가 그 어느 때보다도 높아서 그런지 '장관과의 대화방'이나 '친절방'에 올라오는 글의 내용 중에 공무원 사회를 강도 높게 질책하고 꼬집는 것이 많았다.

이런 사례들이 우리 공직사회 전부를 이야기하고 있다고는 누구도 생각하지 않을 것이다. 알게 모르게 선행을 하고 폭넓은 지식으로 맡은 바 직분을 충실히 수행하는 많은 공무원들이 있고, 그 사람들이 우리 공직사회의 부패를 막는 소금 역할을 하고 있다.

최근 나의 시선을 사로잡은 것은 다름 아닌 공무원 사회의 부패를 스스로 막아보려는 '왕소금' 같은 사람들이다. 이름하여 '준법활빈단(遵法活貧團)'이란다.

어느 신문에는 그들을 다음과 같이 소개하고 있다.

"현직 공무원이 시민 21명과 함께 소설 『홍길동』에 등장하는 활빈당(活貧黨)을 연상케 하는 활빈단(活貧團)을 조직, 법을 지키고 불우이웃을 돕는 데 앞장서겠다고 나서 화제다. 이들은 특히 공무원 사회의 뿌리 깊은 부패구조가 IMF 국난 초래의 중요한 원인이라며 청백리의 사표(師表)인 황희(黃喜) 정승 묘역(파주시 탄현면 금승리)에서 '부정부패와 1천 일 전쟁'까지 선포했다.

이 모임은 서울세관 파주감시소 소장 홍정식 씨가 뜻을 같이하는 서울·고양·파주지역 주민들과 함께 결성했으며 홍 씨가 단장을 맡고 있다. 이들은 앞으로 사회의 이목을 끄는 모든 공무원 부조리 현장을 직접 찾아 당국의 철저한 조사 촉구와 함께 해당 공무원에 대한 단호한 처벌을 이끌어낸다는 계획이다.

홍 단장은 세관 공무원을 23년째 해오고 있는 현직 공무원이지만 세무 공무원에 대해 품고 있는 감정은 일반 국민들과 결코 다르지 않은 것 같다. 세무 공무원들에게는 공공연하게 따라붙는 접대나 촌지를 거부하자는 '촌지사절운동'을 벌이기 위해 92년 뜻을 같이하는 동료 몇과 만든 '세도회(稅道會)' 활동은 가히 공무원 사회의 비밀 결사체라고 할 수 있다.

'촌지를 사절하오니 차라리 불우이웃돕기에 쓰시면 더욱 고맙겠습니다'라고 인쇄된 봉투를 점심시간 등을 이용해 동료들 몰래 책상에 놓아두기도 하고, 노골적으로 돈을 챙기는 동료가 있으면 '당신은 지금 흔들리고 있습니다'라고 적힌 서슬 퍼런 경고장을 보낸 것에서는 마치 홍길동의 활빈행각을 보는 듯하다."

파주시 수재의연품 도난사건으로 공무원 사회에 대한 우려와 개혁의 목소리가 한층 높아졌지만, 경기도에 근무하는 공무원들의 '몰래 사랑'을 보노라면 개혁에 대한 희망과 확신을 읽을 수 있어 마음이 한결 기쁘다. 이들의 미담은 이렇다.

"경기도 동두천시의 한 교회에 '공무원'이라고만 밝힌 사람들이 찾아가 9명의 수재민들에게 '조그만' 정성을 전달하고 서둘러 자리를 떠났다. 이들은 매년 청렴한 공무원들에게 주는 청백리상을 받은 경기도내 공무원들의 모임인 '경기도 청백회' 회원들이라고 한다. 회원 20명 모두가 박봉에 쪼들리는 살림이지만 2백만 원을 모아 수재민들에게 전달했던 것이다. 이들이 도와준 수재민들은 대부분 집이 유실됐거나 물에 잠겨 살림살이조차 흔적도 없이 사라져버린 사람들이다."

이렇게 공무원 사회에도 맡은 바 영역에서 자신을 스스로 곧추세우고 주위의 동료들에게까지 공직자로서의 자세를 잃지 않게 다독이는 사람들이 많다. 이들을 '현대판 청백리(淸白吏)'라고 불러도 지나치지 않을 것이다.

'있고 없음'이 청렴도의 기준은 아니다

청백리는 청렴결백한 관리를 일컫는 말로 『조선왕조실록』에 따르면 명종 때 관리 중 품행이 단정하고 관직을 깨끗이 수행한 자를

'염근리(廉謹吏)'로 선발하고, 그가 죽으면 '청백리'로 결정했다고 한다. 조선시대 청백리는 모두 1백21명에 불과했다고 하니 공직에 몸담고 있는 사람에게는 참으로 명예로운 명칭이 아닐 수 없다.

옛 성현들 가운데는 재상을 지냈으면서도 초라한 집에서 제대로 된 관복이 없을 정도로 청빈한 생활을 한 세종조의 황희나 맹사성 등이 대표적 청백리들이다.

잠롱 방콕 시장도 시장 시절, 피복 공장 폐품창고에 기거하면서 봉급을 몽땅 자선단체에 바쳐왔던 것으로 유명하며, 12억 인구의 최고지도자인 장쩌민(江澤民) 중국 국가 주석도 일반인들에게는 잘 알려지지는 않았지만 청백리로 통한다고 한다.

상하이(上海) 시장 시절 구내식당에서 국수를 즐겨 먹어 '국수시장'이라고 불렸으며, 시장에 임명되기 전까지 30년 동안 평범한 직공기숙사에서 살았을 정도로 검소한 생활을 했다고 한다. 장주석의 부인 왕예핑(王冶坪)도 매우 검소해 옷, 머리, 화장 등에 일절 치장을 하지 않아, 시장부인 시절 베이징에서 찾아온 친구를 만나러 호텔에 갔으나 경비원들이 막일하는 여자로 알고 들여보내지 않은 일도 있었다 한다.

이렇게 보면 청백리는 운명적으로 가난을 벗 삼아야 하는지도 모르겠다. 하지만 청렴에 따른 가난, 즉 청빈(淸貧)이기 때문에 빛나는 것이다. 그러나 공무원이라고 해서 무조건 '가난하게 살라'고 하는 것은 옳지 않다고 본다.

청빈한 척하며 축재한 관리도 있고, 부자이면서 청빈한 이도 있기 때문이다. 우리는 종종 깨끗하게 벌어 떳떳하게 쓰는 사람들을 만나게 되며, 이들의 '깨끗한 부(富)'는 모두를 복되게 하는 것을 보곤 한다. 따라서 재산의 '있고 없음'이 반드시 청렴도의 기준이 아닐 수도 있다. 중요한 것은 그가 공직을 이용해 부정한 방법으로 치부했느냐의 문제이다.

옛 청백리 정신을 본받아 21년째 전국에서 청백리의 표상으로 삼을 만한 공무원을 뽑아 '청백봉사상'을 시상하고 있다. 이 행사를 통해 지금까지 500여 명의 공무원이 이 상을 받았다.

그중에는 상금으로 받은 돈을 자신의 아들이 다니는 학교의 불우 고교생의 뇌수술 치료비로 선뜻 희사한 분이 있는가 하면, 지체장애인이라는 신체적 장애에도 불구하고 27년 동안이나 친절하게 농촌 대민봉사를 꿋꿋이 해온 분도 있다.

물론 청백봉사상을 받고 안 받고가 청백리의 기준이 될 수는 없다. 모든 것을 국민을 중심에 놓고 생각하고, 떳떳하지 못한 것은 받지 않는 위민(爲民)과 청렴의 태도가 중요하다.

그런 면에서 동두천 시청에서 근무하는 이호관 씨는 언론에서 발굴한 또 다른 청백리의 모습이다.

"그가 96년 7월 사회계장으로 부임한 후 장애인과 불우이웃을 위해 벌인 사업들은 손꼽기 힘들 정도다. 요즘은 실직자들에게 일자리를 마련해주는 일에 몰두하고 있다. 이와 함께 이씨는 항상 두툼한 손가방을 들고 세일즈에 나선다. 관내에 있는 한 장애인 재활 작업장의 경영 활성화를 돕기 위해 이곳에서 생산해낸 장갑 등을 싸들고 기업체를 찾아다니고 있다.

　'장애인의 대부'라는 애칭도 갖고 있는 이씨는 관내의 정신질환자 요양시설에 울타리 설치가 필요하다고 판단, 시의회 의원들을 일일이 설득해 예산을 책정받기도 했다. 96, 97년에는 '농아인 수화교실'을 열었으며 지난해 7월부터는 관내 월남전 참전 고엽제 피해자 8명을 찾아내 생활보호대상자로 지정해주기도 했다."

문제는 제도가 아니라 사람

우리 사회 곳곳에는 친절과 봉사로 튼튼하게 무장한 공무원들이 생각보다 많다. 그들은 모두 맡은 바 역할을 묵묵히 해내면서 박봉에도 공직자로서의 책무를 다하고 있다. 하지만 문제는 공직사회의 맑고 깨끗한 기풍을 깨는 뿌리 깊은 부패 구조와 관행이다. '장관과의 대화방'과 '친절방' 등에 올라오는 국민의 소리를 보고 있노라면 하루빨리 이런 부패와 부정, 불친절의 악습을 뿌리 뽑는 대수술이 필요함을 절감한다. 사후 처벌보다는 부패와 불친절의 요인을 미리 없앨 수 있는 제도적 개선책이 절실함을 느낀다.

하지만 그 어떤 좋은 법과 제도도 그 자체만으로는 완벽한 방지책이 되지 못한다. '문제는 사람이기 때문이다.' 결국 최종적인 열쇠는 공직자 개개인의 사명감과 책임감, 그리고 청빈사상이다.

다산 정약용은 '공직자가 청렴하면 그 지역 주민들만 그 은혜를 입는 것이 아니라 산림이나 물과 돌까지도 그 맑은 빛에 젖게 된다'고 했다. 촛불 하나가 온 방을 밝히는 이치리라. 한 사람이 하는 일은 작고 적게 여겨지지만 그 영향은 실로 넓고 깊은 것이 사람의 삶인 것 같다.

우리 공무원 사회가 보다 많은 청백리들로 넘쳐나길 기대해본다.

비리 · 무능 · 무사안일의 행정사각지대

설렁탕과 미니버스

나는 평소 장관 자리는 사무실에 앉아서 결재나 하고 지시하는 자리가 아니라, 일선 공무원과 국민들 속으로 파고들어 대화하고 현장을 확인하며 국민이 고통받고 어려울 때는 국민의 눈물을 닦아 줄 수 있는 행정을 펴는 자리여야 한다고 생각한다.

나는 평소 장관 자리는 사무실에 앉아서 결재나 하고 지시하는 자리가 아니라, 일선 공무원과 국민들 속으로 파고들어 대화하고 현장을 확인하며 국민이 고통받고 어려울 때는 국민의 눈물을 닦아 줄 수 있는 행정을 펴는 자리여야 한다고 생각한다.

그래서 취임하던 첫날 밤에 민생치안의 현장인 일선 경찰관서와 소방관서를 방문했다. 당시는 IMF 관리체제가 시작된 초창기라서 강도, 절도 등 민생범죄가 급증하고 가뜩이나 심란한 서민들의 마음이 펴질 날이 없었다.

실업률이 1% 늘어나면 범죄발생률은 5% 정도 늘어난다는 통계보고가 있다. 지난 몇 년간 범죄발생률은 연평균 4% 정도 증가했으나 97년에는 8%나 늘어났다. 특히 IMF 이후에는 강력범죄 발생률이 17%로 급증하는 형편이었다.

지방자치단체 순방도 취임 이후 치른 중요한 행사였다. 서울을 제외한 15개 광역시청과 도청을 차례로 둘러보면서 행정일선의 현실을 직접 목격하고 여러 가지 정책구상도 할 수 있었다.

나는 지방 방문에 나서기 전부터 자치단체에 공문을 보내 일부러 간부들이 공항까지 마중을 나오지 말라고 했다. 각자 업무가 바쁠 테니 마중 나올 필요 없이 미니버스를 한 대 보내주면 수행 공무원들과 함께 직접 시·도청사로 찾아가겠다고 했다.

내핍을 강조한 초도 순방

첫 방문지는 강원도였는데 먼저 강릉의 산불 피해 현장에 들렀다가 헬리콥터를 이용해 도청 소재지인 춘천으로 갔다. 도지사에게 마중 나오지 말라고 당부를 했는데도 도청 간부들과 함께 헬기장에 나와 있었다. 그래서 다음 방문지부터는 절대 이런 일이 없도록 더욱 강력하게 주문했다.

그래서 다음 방문지부터는 공항에 미니버스 한 대가 대기해 있었다. 버스로 필요한 곳을 둘러보고 식사도 대중식당에서 5,000원짜리 비빔밥이나 설렁탕을 먹는 식으로 초도 순방이 진행됐다.

장관이 지방에 내려가면 자치단체장실로 직행해 간부들로부터 업무보고를 받던 종래의 기관 중심 방문에서 탈피해 산불현장이나 사회복지시설 등 민생현장과 소외시설을 둘러보려고 노력했다. 시청이나 도청에 가서도 수위실이나 소방관서에 들러 격려하고 환경미화원 등 상대적으로 소외된 계층을 만났다.

장애인 복지시설, 재래시장, 지역 중소기업, 재난위험시설, 수출

공단, 구인구직 만남의 현장, 공공근로사업 현장도 골고루 방문했다.

지방에 가보니까 역시 지방공무원의 숫자가 생각대로 많았다. 하는 일에 비해 사람이 남는 경우가 많았다. 시·도 민원실에 갔더니 하루 평균 20~30건의 여권 발급 업무를 처리하는 데 접수창구에 세 사람의 직원이 앉아 있고 그 위에 계장, 과장, 민원실장이 있었다.

한 직원이 반나절 정도에 처리할 수 있는 일거리인데 국민의 세금으로 서너 명씩 봉급을 주는 형편이었다. 과연 민간기업이라면 저런 행태로 운영되겠는가 싶었다.

문민정부 5년 동안 지방자치단체의 공무원 수는 연평균 5%이상 늘어났다. 심지어 주민은 반으로 줄었는데 공무원은 배로 늘어난 사례도 있었다. 원래 맡고 있던 업무가 사라진 이후에도 폐지되지 않아 할 일이 별로 없는 부서도 적지 않았다.

대표적으로 강원도 정선군은 81년 인구 13만3천 명일 때 10개과 418명의 공무원이 있었으나 97년에는 인구가 5만5천 명으로 줄어들었는데도 불구하고 행정조직은 15개과 745명으로 오히려 늘어났다. 전남 장성군도 70년에 12만 명이던 인구가 97년 5만여 명으로 줄었으나 공무원 숫자는 200여 명에서 664명으로 3배 이상 늘었다.

이 같은 반성 아래 지방공무원 수를 98년 말까지 10%, 국민의 정부 임기 말인 2002년까지 30% 감축하는 정부안이 확정된 것이다. 그러나 일률적으로 30%를 줄이는 것이 아니라 방만하게 운영된 곳은 40~50%라도 줄여야 하고 그동안 탄력적으로 인력운용을 잘 한 곳은 상대적으로 적게 줄여도 된다. 단 철저한 직무분석을 거쳐 지역현실을 감안해 현실에 맞게 해야 할 것이다.

나는 지역순방에서 특히 지방자치단체의 내핍경영을 강조했다. 경제가 어려워서 정부와 지방자치단체 모두 막대한 세수결함이 예상되었기 때문에 기관장들의 책임이 특히 중요한 상황이었다.

그래서 부담스럽지만 최악의 경우 지방자치단체의 부도 가능성에 대해서도 지적하고 IMF협약 이전에 세운 대규모 사업계획을 전면 재검토하도록 지시했다. 또 중앙정부에만 의존하지 말고 자구노력을 기울이도록 했다. 대신 예산 운용과 구조조정이 우수한 자치단체에는 교부세를 더 많이 지원하는 등 각종 인센티브를 주기로 했다.

정 경사와 김 경장

지역순방 도중 흐뭇한 만남도 있었다. 부산을 방문했을 때 옛날 야당 국회의원 시절, 지역사회에 성실히 봉사하던 두 명의 경찰관과 재회했다. 영도경찰서 동삼1파출소에 근무하는 정구현 경사와 김인덕 경장이었다.

내가 85년부터 92년까지 부산 영도구에서 국회의원으로 활동할 때 나보다 먼저 어려운 서민들을 챙겨주는 경찰관들이 있었다. 당시 명절을 앞두고 조그만 생필품을 마련해 서민들이 많이 모여 살던 영도구 청학동 일대를 돌다보면 이들이 벌써 쌀과 연탄을 놓고 간 적이 많았다.

88년 당시 경장이던 정 경사는 과로로 위 절제수술을 받아야 했을 정도였는데, 이를 안타깝게 생각한 주민들이 마을회의를 열어 어려운 형편에도 수술비 전액을 모아 주었던 일이 기억에 남는다. 순경이었던 김 경장도 매번 박봉을 쪼개 불우이웃에게 나눠주며 특히 의지할 데 없는 노인들을 위해 헌신적으로 봉사했다.

사실 그때는 이들에게 무엇인가 도움을 주고 싶어도 야당이란 한계 때문에 늘 아쉬움을 느꼈다.

나는 다시 만난 그들에게 "자기를 희생하며 묵묵히 주민들의 일을 성심껏 처리하는 두 사람의 모습에 큰 감명을 받아 언젠가는 보답하고 싶었는데 이렇게 만나게 돼 기쁘다"고 격려했다.

그들도 "당연히 맡은 임무에 충실했던 것뿐인데 10여 년이 지난 지금까지 기억할 줄은 몰랐다"며 무척 기뻐했다.

우리 사회에는 정 경사와 김 경장처럼 공복으로서 최선을 다하는 공무원들이 참 많다. 세종로 정부종합청사에도 밤늦게까지 불을 밝히고 일하는 공무원들이 많은 편이다.

요즘 들어 공직사회가 사회적으로 많은 지탄을 받고 있으나 공무원들의 부정적인 측면이 반드시 공무원만의 책임은 아니다. 그동안 군사정권이 공무원을 정치나 선거에 이용했고 개발독재가 부정부패를 양산했다. 이제 이런 정권이 물러가고 사회 분위기도 바뀌었으니 공무원들도 바뀌어야 할 것이다.

'천재냐, 인재냐'는 책임회피의 핑계일 뿐

자치단체 순방을 마치고 얼마 뒤 본격적인 장마가 시작되기 전에 헬리콥터를 타고 사흘 동안 13개 시·도를 돌며 지하철 공사장, 낡은 아파트, 배수펌프장 등 재난위험 시설을 둘러봤다. 하루에 3~4개 시·도씩 돌며 강행군을 한 탓인지 양 눈의 실핏줄이 터져 한동안 고

생하기도 했다.

늘 그랬듯이 소 잃고 외양간 고치는 식으로 사고가 난 뒤 현장에 가면 무슨 소용이 있겠는가. 장마가 북상하고 태풍이 오기 전에 담당 공무원들이 사고 위험 지역을 더욱 관심 있게 챙겨 보도록 독려하기 위해 미리 방문한 것이다.

우리나라에서는 대형 사고가 나면 항상 천재냐, 인재냐 하는 논쟁이 붙는다. 그만큼 재난은 미리 예방하면 상당히 피해를 줄일 수 있다. 삼풍백화점이나 성수대교의 붕괴사고도 미리 점검하고 조금만 신경을 썼더라면 엄청난 인명피해를 가져오는 대형 참사는 면할 수 있었을 것이다.

그래서 사고예방에 주력하도록 자치단체마다 재난·위험시설에 대한 책임실명제를 실시하고 있다. 전국적으로 사고 위험이 높은 시설물을 선정한 뒤 5개 등급으로 나눠서 담당 직원, 구청장, 군수 등 관리책임자를 정했다. 앞으로 담당자가 관리를 게을리해서 사고가 날 경우에는 반드시 책임을 묻게 된다.

사고는 그 나라의 국민 수준과 정비례한다는 말이 있다. 이제 우리도 부실 공화국, 사고 공화국이란 오명에서 벗어나야 한다.

지방행정 사각지대

행정서비스와 친절도도 분명히 높아졌다. 지방이 나름대로 하나의 생존과 번영의 단위가 된 것이다. 그러나 이런 열기 못지않게 지방시대의 구호만큼 내실화되고 있는가에 대해 냉정하게 짚어봐야 할 지방행정의 사각지대가 생겨났다.

지방자치제는 지역의 살림살이를 스스로 하자는 제도다. 1995년 본격적인 민선 자치시대가 출범하면서 다양한 변화를 이끌어냈다. 무엇보다 지방자치제가 우리 사회에 민주주의를 지방 구석구석까지 확장하는 데 기여했다. 단체장을 중심으로 '지방경영'이라는 용어가 자연스럽게 인식되고 획일적인 행정조직도 주민만족 개념으로 변화를 시도했다.

행정서비스와 친절도도 분명히 높아졌다. 지방이 나름대로 하나의 생존과 번영의 단위가 된 것이다. 그러나 이런 열기 못지않게 지방시대의 구호만큼 내실화되고 있는가에 대해 냉정하게 짚어봐야 할 지방행정의 사각지대가 생겨났다.

그 한 단면이 일부 자치단체는 지방재정의 취약성을 보완한다는 명분 아래 지나치게 수익성만 고려한 사업을 벌여 지역 업체와 마찰을 빚거나 오히려 경영적자를 내는 등 부작용을 낳고 있는 경우다.

충남의 한 기초단체는 메밀 국수집을 냈다. 공무원들이 직접 파견돼 시민들에게 깨끗하고 맛있는 메밀을 제공하기 위해서라는 것이다. 인근 음식점들이 장사를 망친다며 거세게 항의했으나 힘으로 밀어붙였다. 결국 몇 달 만에 적자로 문을 닫고 말았다.

경남 A군과 B그룹이 1996년 제3섹터 방식으로 세운 AB샘물도 실패 케이스로 꼽힌다. 이곳은 설립 첫해 20억 원, 다음해에는 40억 원의 적자행진을 거듭하고 있다.

이유는 대형 슈퍼와 생수 도매상들이 이 회사 제품의 판매를 꺼리기 때문이다. 일반 생수업체들은 무자료 거래도 해주고 마진폭도 30% 이상 보장해준다. 그러나 이곳은 공기업의 체면상 이 같은 거래방식을 따라갈 수 없는 노릇이다.

C시가 설립한 C관광개발도 사정은 비슷하다. 이곳은 당초 골프장 건설, 온천개발, 민속촌 및 영화촌 건립 등 대규모 관광레저사업을 주관한다는 목적으로 설립됐다.

그러나 사업이 지연되자 대형 유람선을 띄웠다. 결과는 13억 원의 적자였다. 다시 지역관광지 일주도로를 달리는 관광열차 운행에 나섰으나 민간업체의 반발을 사고 있다. 시가 이곳에서 20년 이상 순환버스를 운행해 온 관광회사에 운행중지 명령을 내렸기 때문이다.

이처럼 많은 공기업들이 특별한 사업계획이나 노하우 없이 민간과 겹치는 사업 분야에 계속 뛰어들고 있다. 원래 공기업은 공익성이 강하고 엄청난 초기투자가 필요하지만 투자비 회수에 오랜 기간이 걸리는 사회간접자본 투자에 큰 비중을 두어야 한다.

　돈벌이는 민간기업에게 맡기고 그 기업의 영업이 잘 되도록 도와주는 게 지방자치단체의 할 일이다. 기업이 잘되면 세수가 늘어나 재정 적자는 해소된다. 그러나 상당수 공기업들이 직접 돈벌이를 하겠다며 성급하게 민간영역에 뛰어들어 민간기업의 반발을 사고 있다. 그나마 장사도 제대로 안돼 적자의 늪에서 헤어나지 못하고 있다.

돈벌이는 민간기업에 맡겨라

　1997년 말 현재 지방 공기업의 수는 271개, 예산규모는 15조 원으로 집계된다. 사업내용을 보더라도 주택단지개발, 골재채취사업, 농산물 직판장, 도자기 회사까지 경험 없이 달려들어 손해 보는 일이 비일비재하다.

　1997년 한 해 동안 지방 공기업의 경영실적을 분석해보니까 70개의 지방공사나 공단 가운데 적자법인이 43개로 흑자법인 27개보다 훨씬 많았다. 또 총수익은 2조4백억 원이었지만 총비용은 2조7천2백억여 원으로 모두 합쳐 6천8백억여 원의 적자를 냈다.

　이중에는 지하철 사업과 의료원 사업으로 인한 적자가 대부분이지만 전체적으로 볼 때 경영 효율성이 계속 악화되는 실정이며 적자는 결국 국민의 세금으로 떠넘겨진다. 수익성과 공익성이란 두 마리 토끼를 잡으려던 공기업의 경영이 이렇게 어려워진 것은 사업평가가 제대로 안됐기 때문이다.

　현재 자치단체의 재정상태는 매우 심각한 상황을 맞고 있다. 특히 IMF 이후 지방세 수입이 크게 줄어드는 바람에 몹시 힘든 형편이다. 자치단체의 절반 이상이 취득세와 등록세 등 지방세만으로는 공무원들의 봉급조차 줄 수 없다. 1997년의 경우 전국 자치단체의 재정자립도가 시 지역은 53.3%, 군 지역은 21.2%에 그쳤다.

민선 단체장들이 그동안 벌여놓은 각종 지역개발사업도 속수무책이다. 광역단체마다 지하철, 도로, 항만, 택지개발, 공단조성 등 천문학적 예산이 들어가는 사업이 진행 중이다. 중앙정부의 지원과 차입금을 믿고 시작했는데 이것이 재정긴축, 고금리 등의 사정으로 어긋나기 시작했다. 이 바람에 곳곳에서 사업 중단 위기가 우려되고 빚이 크게 늘었다. 지방자치 실시 이전과 이후의 주민 1인당 부채 규모를 보면 1993~94년 27만2천 원에서 1996~97년에는 38만9천 원으로 43%나 증가했다.

일부 자치단체는 사업을 계속 추진하기 위해 외국자본을 포함, 민자 유치를 추진 중이지만 결코 쉬운 일이 아니다. 가뜩이나 경제가 위축된 상황에서 초기 투자가 많고 자본회수가 불투명한 국가사업에 선뜻 뛰어들 만한 업체가 있을 리 없다.

과도한 새 청사 짓기 경쟁

자치단체가 방만하게 예산을 운용한 것은 각종 선심행정 사례와 고급 청사 · 관사 확보, 판공비 규모를 보더라도 여실히 드러난다.

1997년 한 해 동안 전국 247개 자치단체가 예산을 부당하게 집행했다가 적발된 사례는 2,506건으로 자치단체 한 곳당 10여 건이 넘는다. 특히 지방선거를 앞둔 상태였기 때문에 단체장 치적 홍보, 선물, 기념품 배포, 산업시찰 보내기, 기부금품 모집, 비보조단체에 대한 보조금 지원, 과다한 행사 개최 등이 주를 이뤘다.

자치단체들이 다른 사업을 제쳐둔 채 대규모 청사를 짓거나 단체장의 판공비를 멋대로 늘리는 행태도 비난받아 마땅하다. 대전의 한 구청은 IMF 이후에도 구청사 신축을 강행하면서 건립 예산을 당초 계획의 2배인 5백억 원으로 올렸다가 거센 비난을 받았다. 우선 건물부터 짓고보자는 식으로 최근 몇 년 동안 수많은 신청사, 문화회관이 우후죽순처럼 들어섰다.

지방 군수의 공식 판공비는 군 규모에 따라 연간 3천6백만~4천8백만 원이다. 그러나 실제로는 업무추진비, 보상금 등에서 경비를 집행할 수 있어 판공비 성격의 경비가 수억 원에 이른다.

지방자치단체가 보유한 관사도 그동안 꾸준히 늘었다. 전국적으로는 2,338개, 자치단체별로는 9.4개꼴이며 재산가액으로 따지면 9백70억 원, 한 해 전체 관리비가 20억 원이나 나간다. 관사의 입주 자격도 단체장과 부단체장은 물론, 실·국·원장, 과장, 읍·면장, 사업소장, 의회 사무처, 경찰 간부, 소방 간부 등에 이르기까지 지나치게 광범위하다.

이들 관사 중 절반 가량은 앞으로 임대 또는 매각하거나 공공시설로 활용하게 된다. 또 평균 면적 30여 평에 비해 지나치게 규모가 큰 관사를 축소하고 경제사정이 좋아질 때까지 새로 관사를 짓거나 구입하는 일은 없도록 했다.

아직까지 지방세정 운영에서도 개선의 여지가 많다. 몇 년 전 인천의 한 구청에서 담당 공무원이 지방세 원부와 영수증을 뭉치로 빼

돌려서 수십억 원이나 착복한 사실이 밝혀져 온 국민들이 충격을 받은 적이 있다. 지방세 전산화 작업이 추진되고 있으나 여전히 한 해에 28만5천여 건의 과오납 징수 사례가 발견될 만큼 허술하다.

최근에도 경기도의 D시가 지방세인 소득할 주민세 세율을 인상한 뒤 전년도 소득분에 소급 적용했다가 납세자가 제기한 행정소송에서 패소했다. 주먹구구식 관행을 버리고 정확한 징수 원칙 아래 세금 규모를 예측하고 그 범위 내에서 사업계획을 세우는 등 좀 더 건전한 재정 운용이 필요하다.

자치제의 근간은 튼튼한 지방재정이다. 국민의 혈세로 충당되는 예산을 보다 효율적으로 집행하기 위해 계획적이고 투자우선순위에 입각한 자원배분이 이루어져야 한다.

여기에는 지방의회와 시민단체, 지역 언론의 적극적이고 끊임없는 감시활동이 필요하다. 민선시대 초기의 시행착오를 표본으로 삼아서 앞으로는 내실 있고 제대로 된 살림살이가 되어야 할 것이다.

폴 베르나르와
프랑스 자치제도

프랑스 지방자치제도에서 무엇보다 흥미로운 것은 중앙정부가 자치단체에 권한을 행사하는 방식이다. 프랑스는 주민들이 직접 뽑은 자치단체장 겸 도의회 의장인 선출직 지사와 함께 중앙정부의 임명직 도지사인 프레삐 제도가 있어 전체 국가행정의 일관성을 유지하고 있다.

선진국 가운데서도 행정 분야가 크게 발달한 프랑스의 지방자치제도에 대해 토론할 기회가 있었다. 프랑스 행정학연구원 부회장이며 도지사 직군협의회 명예회장인 폴 베르나르 박사를 만나서 여러 가지 대화를 나누었다. 그는 행정자치부 산하 지방행정연구원과 한불정법학회가 주최하는 학술대회에 연사 자격으로 내한했다.

프랑스 지방자치제도에서 무엇보다 흥미로운 것은 중앙정부가 자치단체에 권한을 행사하는 방식이다. 프랑스는 주민들이 직접 뽑은 자치단체장 겸 도의회 의장인 선출직 지사와 함께 중앙정부의 임명직 도지사인 프레삐(préfet) 제도가 있어 전체 국가행정의 일관성을 유지하고 있다.

프랑스는 인구 5천7백만 명의 단일국가이지만 1982년 지방자치법이 개정돼 자치적 분권이 활발하게 이루어졌다. 프랑스는 기초자치단체인 꼬뮨(commune)이 3만6천7백72개, 중간자치단체인 도(道)에 해당하는 데빠르뜨망(department)이 100개, 광역도인 레지옹(region)이 26개이다.

지방자치법상 이들 사이에는 주종관계가 존재하지 않고 서로 평등의 원칙을 지키고 있다. 즉 하위 자치단체에 대한 상위 자치단체의 감독권이 전혀 없다는 것이다.

프랑스의 독특한 임명 도지사 제도

대신 임명직 도지사 제도를 적극적으로 활용한다. 도마다 선출직 도지사와 임명직 도지사가 있고 광역도의 경우 도청소재지의 임명직 도지사가 광역도지사를 겸임하도록 돼있다. 과거에는 임명직 도지사의 권한이 강했으나 자치법 개정 이후 선출직에게 자치권이 이양됐다.

프랑스는 2명의 도지사를 통해 주민의 대표성과 국가의 통합 및 자치단체간 조정이라는 두 가지 역할을 만족시키고 있다. 그러나 법적으로 명확하게 권한이 분리돼 문제는 거의 없다.

일견 임명직 도지사란 제도는 중앙정부가 지방행정을 직접 통제하는 수단처럼 보이는데 이 역시 철저한 분권 개념에 기초를 두고 있다. 지방자치제의 필수조건인 분권은 행정분권과 자치분권으로 구분된다.

행정분권은 중앙정부의 장관이 관장하는 행정권한과 감독권을 지방에 있는 임명 도지사에게 넘겨주는 것이다. 이를 통해 중앙정부의 권력집중 문제를 해결하고 중앙에서 지방사무가 지체되는 것을 막아준다.

그러면서도 국가정책의 일관성을 유지하고 지방의 상황을 고려하여 문제를 해결할 수 있다. 자치분권은 선출 도지사의 권한이며 중앙의 간섭이 불가능하다.

임명 도지사의 권한은 수상이나 각 중앙부처 장관의 대표자로서 법률과 정부의 결정이 도 단위에서 제대로 적용되는지를 감독한다. 장관들은 도지사에게 행정지침을 전달하며 도지사는 이들과 직접적인 연락망을 구축하고 있다.

이들은 또 도 단위의 국가 지방행정기관인 농업국, 건설국, 사회보장국 등을 지휘하며 중앙정부의 특별임무를 수행하는 기획단 성격의 행정기관을 이끈다. 예를 들면 복지 관련 사회연대정책이나 유럽공동체(EU) 집행부에서 정책을 만들어 지방정부에서 바로 집행하는 사안을 들 수 있다.

이 밖에도 국가경찰의 자격으로 범죄의 수사, 압수, 수색, 체포 등을 명할 수 있고 국가를 대표하여 행정통제를 실시하며 중앙부처 차원의 기업지원 활동, 공기업 및 국고보조기업의 투자계획에 대한 허가권, 비군사적 성격의 국방에 대한 책임, 지방자치단체에 대한 지도감독까지 광범위한 권한을 갖는다.

프랑스의 임명 도지사 제도는 철저한 분권 속에서도 국가의 기본 축을 항상 고려하는 행정의 형태를 보여준다. 지방자치단체에 자율권을 주되 그만큼의 책임도 지도록 제도적 보완이 요구된다. 지역주민의 의식수준이 높아지고 언론과 시민단체가 제대로 감시활동을 하기까지 중앙정부의 지속적인 관심이 필요하다.

나는 베르나르 박사에게 프랑스의 자치경찰 제도에 대해 물었다. 자치경찰제 도입은 대통령의 대선 공약사항이다. 교육이나 행정처럼 경찰도 자치기반이 마련돼야 한다는 것이 정부의 입장이다.

행정의 권위가 막강한 프랑스

앞으로 경찰은 시국치안 수요가 줄면서 주민들의 생활치안 수요를 충족시키는 방향으로 나가게 된다. 도둑 잡고, 긴급 상황이 발생하면 출동하고, 노약자와 장애인을 돕고, 생활의 불편을 없애는 일이 경찰의 주 업무가 된다.

프랑스의 경우 국가경찰과 행정경찰로 나뉘어 있으며 행정경찰이 국가경찰의 보조 역할을 맡는다고 한다. 국가경찰은 우리나라의 경찰과 비슷하다. 또 행정경찰은 주차단속, 위생 감독, 자치단체 경비 등을 담당하는데, 우리의 자치단체의 질서유지 업무와 유사하다.

자치경찰제 도입과정에서 선진국의 사례가 많이 연구되는데 프랑스의 방식도 분명 참고할 만한 것이었다. 지방자치단체의 여러 가지 단속권한을 체계적으로 훈련시키고 역할 분담을 분명히 해서 국립경찰과 유기적으로 연대하도록 한다면 가능한 방식이다.

프랑스는 행정의 권위가 실로 막강해 정치, 경제, 문화 등 어느 분야에도 뒤지지 않는다. 또 공직사회에서 우리보다 학벌을 중시하며 명문교 졸업생들이 사회를 지배하는 철저한 엘리트 사회이다. 국립행정학교(ENA) 출신이 아니면 고위직에 올라가기 힘들다.

이곳은 2차대전 이후 고급 인력을 양성하기 위해 드골이 창설한 대학원 격으로, 엄격한 입학시험을 통해 우수한 성적으로 대학을 졸업한 인재를 선발한다. 이 학교의 졸업장은 출세보증서와 마찬가지다.

프랑스의 역대 대통령, 수상, 국회의원, 장관은 물론, 대기업체 총수들까지 상당수가 ENA 출신이어서 많은 폐해가 지적되고 총선에서 ENA 폐지가 선거공약으로 나올 정도라고 한다.

프랑스 사회에서 한 가지 부러운 것은 직업의 이동이 무척 자유롭다는 점이다. 베르나르 박사의 경우 부지사와 군수, 임명 도지사, 광역도지사를 거쳤으며 지금도 공기업 사장, 지방재정금고 사장 고문, 대학 교수, 연구협력관 등 5가지 직함을 갖고 있다.

우리의 경우 권력이 아직 일부 계층에 집중된 상태이므로 섣부른 겸직 허용은 시기상조일 것이다. 앞으로 이론가와 실무가의 공존, 개방과 교류를 통해 사회의 발전을 도모하기 위해서는 권력이 분산, 다원화되며 비리 문제로부터 자유롭고 깨끗해야 한다.

다방면에 걸쳐 해박한 지식을 가진 전문가들이 사회 각계에서 교류하고 인재 풀(pool)이 든든해질 때 국가의 발전이 앞당겨지고 참다운 지방자치제의 기반이 마련될 수 있을 것이다.

고질적인 줄서기

공직사회에도 학연, 지연을 따지는 나쁜 행태가 남아 있다. 고향 사람들끼리, 동문들끼리 파벌을 만들어 인사에 대한 정보를 주고 받는가 하면 선배가 윗자리에 올라가서 후배를 당겨주고, 어려울 때 믿을 수 있는 자기 사람을 도처에 심는 식이다.

우리 사회에는 연고주의라는 오랜 관습이 있다. 같은 값이면 고향 선후배를, 이왕이면 학교 선후배를 챙겨주는 것이다. 그것을 반드시 나쁘다고 할 수는 없다. 그러나 이런 사적인 관계를 공적인 판단에 개입시키는 것은 심각한 사회적 병폐다. 가장 극단적인 형태가 동서간의 지역감정이 아니겠는가.

공직사회에도 학연, 지연을 따지는 나쁜 행태가 남아 있다. 고향 사람들끼리, 동문들끼리 파벌을 만들어 인사에 대한 정보를 주고받는가 하면 선배가 윗자리에 올라가서 후배를 당겨주고, 어려울 때 믿을 수 있는 자기 사람을 도처에 심는 식이다.

기성 정치권 못지않은 공직사회의 계보 챙기기, 줄서기 때문에 열심히 일하는 많은 공무원들이 인사상 불이익을 받고 일할 의욕을 잃어버리는 등 부작용이 만만치 않다. 연줄이 없어서 만년 계장이나 과장 신세를 면치 못하고 영남 정권에서 호남 출신이라는 이유만으로 능력과 상관없이 고위직 진출이 봉쇄되기도 했다.

이런 비상식이 상식이 되다보니 자신의 승진을 확실히 보장해줄 수 있는 사람에게 줄을 대는 줄서기가 만연했다. 윗사람의 취향을 일일이 알아내 듣기 좋은 말로 충성을 맹세하는가 하면, 자신의 부인을 상사 집에 파출부로 보낸 웃지 못할 일도 있었다고 한다.

이 같은 폐해를 줄이기 위해서라도 업무실적에 따라 객관적 평가가 이뤄지고 승진에 반영되는 공직사회의 투명성 확보가 시급한 과제다.

능력보다 연고가 우위인 사회

언론들은 지난 6·4지방선거의 가장 큰 특징으로 공직사회의 극심한 줄서기 현상을 꼽았다. 현직에 있던 광역·기초단체장 248명 가운데 80% 이상이 2기 민선 자치단체장으로 재출마함에 따라 공무원들의 줄서기와 공직자 내부의 편 가르기는 이미 예고되고 있었다.

대개 공직을 이용해 음성적으로 단체장의 선거운동을 도와주고 당선된 이후 자리를 보장받는 식이었다. 자신이 직접 나서서 적극 가담하는 경우는 둘째 치더라도 새 단체장이 취임하면 내 편이었나, 아니었나를 따져 인사상의 불이익을 줄 우려가 있기 때문에 울며 겨자 먹기로 따라가는 공무원도 많았다.

물론 공무원도 인간이기 때문에 동향이나 학연을 찾아다니는 것을 나쁘다고만 할 수는 없다. 또 공무원보다 더 나쁜 것은 줄서기를 강요하고, 안 하면 오히려 불이익을 주는 일부 단체장 출마 후보들의 행태라고 볼 수 있다.

공무원들이 자신의 업무를 마치고 퇴근시간 이후에 자기의 친척, 친구들을 찾아다니면서 자신이 지지하는 후보를 도와달라고 호소하는 것까지 막을 수는 없다. 그러나 일부 공무원들은 일은 뒷전인 채 낮 시간 동안 여기저기 다니면서 선거운동을 하고, 현직 단체장은 그것을 묵인하는 사태가 벌어졌다는 데 문제의 심각성이 있다.

현직 단체장의 당선 가능성이 큰 지역에서는 지역개발사업을 서둘러 발표하고 관청과 교류가 많은, 영향력 있는 지역인사에게 전화를 걸기도 한다. 그러는 동안 각종 단속행위는 뒷전이고 재해 · 재난 위험지역도 나 몰라라 하며 민원처리도 늦어지는 등, 국민에게 불편을 주는 행정 공백이 계속된다.

민선 자치단체장이 선거를 의식해서 주민들이 싫어하고 선거에 불리할 것으로 판단되는 정책결정이나 집행을 미룬다는 의미의 '니미(NIMEY, Not In My Election Year)현상', 임기 동안 문제가 될 소지가 있는 일은 하지 않는다는 '님투(NIMTOO, Not In My Term Of Office)현상' 같은 생소한 용어가 유행했다.

일부 자치단체는 공무원들끼리 편을 갈라 싸우는 바람에 살벌한 분위기가 감도는 곳이 있는가 하면, 당선 유력 후보에게 상대 후보의 사생활과 약점 등을 제보하거나 선거공약 프로그램을 짜주는 등 충성심을 보이는 공무원도 있었다고 한다.

심지어 단체장이 별정직으로 데리고 있던 직원들이 선거운동기간에 임박해 사표를 내고 나가서 선거운동을 하다가 재선되면 별정직으로 또다시 들어오는 경우도 적지 않았다. 이런 행태가 공직사회의 분위기에 어떤 영향을 미칠지 짐작할 만하다.

검찰 수사 결과 6·4 지방선거와 관련, 공무원의 선거 관여 혐의로 입건된 전·현직 지방자치단체장이 116명이나 됐다. 또 공무원 192명이 공직수행을 빙자해 선거운동을 했으며 164명은 선거 후 논 공행상을 의식해서 특정 후보에 대한 줄서기 차원으로 선거에 개입했다가 무더기 입건됐다.

공무원들의 선거 관여 행위가 1회 지방선거 때는 통계를 잡을 필요가 없을 정도로 적었으나 2회 선거 때는 과열 선거와 줄서기 등으로 급격히 늘어났다. 현직 단체장들이 선거에 나선 데 따른 부작용이다.

현행법에는 자치단체장의 임기가 4년씩 세 번까지 연임할 수 있도록 돼있다. 이 때문에 현직 단체장의 출마로 인한 선심 행정, 공직자 줄서기 등 갖가지 문제점을 보완하기 위해 출마와 동시에 업무를 정지하거나 사퇴를 의무화하는 등 제도적인 보완장치 마련이 시급하다는 지적이 나왔다.

소문은 무성해도 소문으로 끝나고

나는 공무원의 신분에 어긋나는 선거운동을 하거나 이를 강요하는 현직 단체장들을 고발해달라고 일선 행정기관에 당부했다. 그러나 여러 가지 소문만 무성했을 뿐 선거가 끝날 때까지 고발은 단 한 건도 들어오지 않았다. 아무리 정부가, 대통령이, 장관이 부정선거 척결의지를 갖더라도 현장에서 고발정신이 따라주지 않는다면 아무 소용이 없다.

또 줄서기가 반복되면 종국에는 공무원 자신들의 발목을 잡는 족쇄가 될 뿐이라는 공무원들의 자각이 선행되어야 할 것이다.

올바른 선거풍토를 세우기 위해서는 공직자 각자가 감시자 역할을 해야 한다. 또 누가 시장이 되든, 도지사가 되든 자신의 업무를 수행하는 직업공무원제가 확립돼야 한다. 팔이 안으로 굽는다는 식의 봐주기가 판을 친다면 줄서기 관행 척결은 백년하청일 수밖에 없다.

능력과 실적에 의해 평가받는 사회가 되어야 한다. 말로는 경쟁원리를 외치고, 그것을 실천하지 않는다면 오늘의 고통과 좌절감은 계속될 것이다. 열심히 일하고 우수한 사람이 있으면 박수를 보내고 정당한 평가를 해주어야 한다.

전시행정과 비효율 관행

아직은 전시행정의 그늘에서 쉽게 빠져나오기 힘든 것이 오랜 관성에 젖어온 우리 행정의 현주소다. 하루빨리 숫자만 늘려 전시하는 양 위주의 행정에서 질 중심의 행정으로 거듭나야 한다.

"저는 5년째 공무원 생활을 하고 있는 지방의 말단 공무원입니다. 솔직히 말해서 요즘은 갈수록 회의와 실망이 들고 있습니다. 이유는 이 어려운 시국에 국민이 이해할 수 없는 전시행정적인 일들을 너무나도 많이 하고 있기 때문입니다.

단적인 예로 국토 대청결운동이라고, 큰 뜻을 가지고 시행하고 계시는 업무가 바로 그것입니다. 말 그대로 국토를 잘 가꾸자는 일인데 점검 부서에서는 몇 가지로 나누어 일을 진행하고 있습니다. 한쪽은 자연보호 분야, 또 다른 한쪽은 국민정신계몽 분야, 이런 식으로 언어적 유희를 즐기면서 말을 바꾸어 진행시키고 있습니다. 상부에서는 한 사람이 하나의 업무를 맡고 계시지만 말단 하부에서는 한 명이 진행하고 있습니다.

거기에다가 분기별 평가니, 연말 평가니, 점검이니 하면서 행정을 마비시킬 정도로 밑의 부서를 죽이고 있습니다.

공무원이 해야 할 일이 무엇입니까. 국민의 공복이니, 선진한국의 초석이니 하면서도 별 필요 없는 일에 얽매이도록 하고 있습니다. 나라가 어렵고 국민이 다 죽어가고 있는 요즘 실정에서도 옛날과 똑같은 업무를 지시하고 따르기만을 종용합니다.

진짜 서민과 가까운 이들은 말단, 하부조직의 공무원입니다. 국민과 함께 있는 공무원들이 집에 가서, 친구를 만나서, 이웃을 만나서 우리가 하는 일이 옛날과 똑같다고 하면 국민들은 뭐라고 하겠습니까.

고작 위에서 하는 일이라고는 직원들 재활용품 모으기, 고철 모으기, 빈병 모으기를 합니다. 그것도 좋은 일이라고 언론 보도자료를 만들어 배부하고 기사화되면 뭐 대단한 일이라도 한 것 같은 착각을 하고 있습니다.

아참, 그리고 한 가지 분명히 아셔야 할 것이 있습니다.

상위 부서에서 점검이니, 평가니 하는 계획이 내려오면 하위 부서는 그 점검자를 아는 사람, 그리고 친분이 있는 사람을 찾아서 술 대접을 합니다. 그리고 고생이 많다는 이유로 노잣돈, 혹은 식사비를 줍니다. 물론 인지상정상 그럴 수도 있습니다.

그러나 이러한 것이 인지상정으로 계속되면 국민은 그 인지상정으로 망한 나라를 등질 수도 있습니다. 그런 상황은 국민이 먼저 알고 있습니다. 국민들에게 금품을 요구하는 공무원은 가차 없이 뿌리를 뽑아야 합니다.

그러나 열심히 일하는 이에게 평가니, 점검이니를 나와서 타 기관과 비교해가며 이 부서는 준비가 형편없느니, 평가등위가 나쁘겠다느니 하며 쓸데없는 일을 하고 있습니다. 똑같은 민원인 응대하고 열심히 일하는데 평가기관과 부서에 노잣돈이나 두둑하게 준 곳은 우수기관으로 만들어집니다. 그곳에는 인센티브가 주어지니 손해날 것은 전혀 없겠지요.

이제는 일률적인 조정과 인원감축의 시기가 아닙니다. 그 일률적인 것에 많은 선량하고 힘 없고 빽 없는 이들만 고생합니다. 진정으로 국민을 위한 조정을 하시려면 비리 공무원을 색출해서 따끔한 맛을 보도록 해야 합니다.

그리고 그 빈자리를 국가의 번영을 위해서 때 묻지 않고 참신한 인물을 채용해서 국민과 가까워질 수 있도록 해야 합니다. 힘 있는 부서가 있어서는 안 됩니다. 내부적으로는 총무과니, 감사실이니 하는 것 말입니다.

다시 한번 간곡히 부탁드립니다만, 이 시대를 생각하고 국민을 위하고 공무원을 생각하신다면 필요 없는 일에 매이지 않도록 해주시기 바랍니다.

한 가지 예로 저는 이번 한 달 동안 평가를 3번이나 받습니다. 비슷한 업무로 다른 부서에서 다른 사람에게 평가를 받습니다. 이렇게 하면 안 되는 일이 되는 것입니까. 이제는 과거와는 달리 변화해야 합니다."

한 공무원이 이 같은 편지를 '장관과의 대화방'에 보내왔다.
그의 지적대로라면 공직사회의 잘못된 풍토는 전혀 변화의 기미를 보이지 않고 있다. 보고서를 만들기 위해, 평가받기 위해 형식적으로 하는 일들이다.

특히 행정업무에 대한 점검, 평가과정에서 뿌리 깊은 관관접대(官官接對) 관행은 여전히 남아 있다. 같은 공무원끼리도 소속 부처와 부서의 서열을 가려서 접대를 주고받으니 민원인에게는 어떤 태도를 취하겠는지 짐작할 수 있다.

캠페인 행정은 모래성과 마찬가지

국민의 정부 출범 이후 감사원이 고위직 33명을 포함해 141명의 공무원을 업무태만, 금품수수, 공금횡령 등으로 적발했는데 이중 상당수가 업무추진비를 빼돌려서 비자금을 만들어 상급기관 공무원들에게 상납하거나 접대비로 사용한 것이었다.

듣기 좋은 구호로 아무리 개혁을 이야기하고 공직사회의 자율과 창의를 존중한다고 원론적으로 천명해도 하부조직까지 내려가면 여전히 30년 전 군사정부의 캠페인성 행정수단이 동원되고 있다. 공무원들이 마지못해 벌이는 캠페인 행정은 모래성이나 마찬가지다.

정부수립 50주년을 맞아 벌인 태극기 달기 사업에서도 일선 구청과 동사무소에서 주민들에게 태극기 할당량을 주고 강매하는 식으로 일을 처리해서 본래의 좋은 취지를 흐리게 했다. "주민 동원은 더 이상 안 된다. 또 동원해서 무엇 하느냐" 하는 자성이 있지만 아직은 전시행정의 그늘에서 쉽게 빠져나오기 힘든 것이 오랜 관성에 젖어 온 우리 행정의 현주소다. 하루빨리 숫자만 늘려 전시하는 양 위주의 행정에서 질 중심의 행정으로 거듭나야 한다.

감사나 평가 · 점검 방식도 앞으로는 달라져야 한다. 거듭되는 감사와 평가 · 점검, 회의준비 등으로 공무원들은 창의적인 일에 쏟을 시간과 정열을 빼앗긴다. 일상업무뿐 아니라 평가에서도 행정의 효율성을 높여야 한다.

수십 년 묵은 행정관행을 하루아침에 고치기는 힘들다. 이것이 개혁을 추진하는 나의 고민이자 앞으로의 숙제이기도 하다. 조직의 관리자들이 도장을 들고 결재만 기다릴 것이 아니라 정확한 목표를 설정하고 직원들에게 어떻게 일을 시키며 조직의 사기를 높일 수 있는지 끊임없이 연구, 노력해나가야 할 것이다.

재해부서 징크스

행정자치부는 태풍이나 홍수 같은 대규모 자연재해나 삼풍백화점 · 성수대교 붕괴, 가스 폭발사고 같은 대형 사건 사고를 총괄하는 부서이고, 장관이 중앙재해대책본부장을 맡고 있다. 그래서 늘 사건 사고와 재해에 대해 신경을 쓰지 않을 수 없는 자리다.

취임 초에 재해 재난을 담당하고 있는 한 간부가 자기 부서 직원들은 개고기를 먹지 않는다고 했다. 언제 어떤 사건 사고와 재해가 발생할지 모르기 때문에 연중 24시간 대기상태인데 혹시라도 나쁜 일이 일어날까봐 조심한다는 것이다.

행정자치부는 태풍이나 홍수 같은 대규모 자연재해나 삼풍백화점 · 성수대교 붕괴, 가스 폭발사고 같은 대형 사건 사고를 총괄하는 부서이고, 장관이 중앙재해대책본부장을 맡고 있다. 그래서 늘 사건 사고와 재해에 대해 신경을 쓰지 않을 수 없는 자리다. 나는 자신의 직무를 위해 음식까지 금기사항으로 가리는 이들의 마음 씀씀이가 참으로 고맙게 생각되었다.

1998년 여름은 엘리뇨 현상과 그로 인한 집중호우로 여름이 거꾸로 갔다. 해마다 겪었던 장마 피해가 예년에 비해 거의 없이 무사히 잘 넘어가는가 했다. 재난 부서 실무자들과 기상청까지 7월 말이 되자 '올해 장마는 다 지나갔다'고 했다. 그러나 며칠 후 지리산 일대에서 시작된 집중호우는 경기북부와 서울 등 수도권과 중부권을 오르내리며 전국을 강타했다. 그야말로 '게릴라성 집중호우'였다.

도무지 예측이 어려웠다. 사상 유래 없는 수해를 기록했다. 국민들이 모두 IMF의 고통을 겪는 가운데 수해까지 겹쳐 참으로 힘든 시간을 보냈다. 특히 수해가 나면 돈 없고 어려운 서민들만 이중, 삼중으로 고통을 당하게 돼 더욱 안타까운 심정이다.

더구나 예년 같으면 추석 전에 그해 태풍이 다 지나가기 때문에 이번에는 태풍 피해만이라도 없었으면 했는데 제9호 태풍 '예니'가 추석 직전에 남부지방을 강타해서 60여 명이라는 많은 인명을 앗아갔다. 같은 시기에 우리보다 그 위력이 훨씬 강력했던 허리케인 '조지'가 미국 남부 멕시코만을 강타했을 때도 인명피해는 불과 사망 2명이 전부였던 점을 감안하면, 그렇게 큰 위력을 갖고 있지 않은 태풍에 이처럼 많은 인명피해가 발생한 것은 문제가 아닐 수 없다. 기상과 재해 관련 당국의 철저한 대비와 수습 노력도 중요하지만 우리 국민들의 안전불감증에도 원인이 있지 않나 하는 안타까운 마음이 들었다.

나는 수해와 태풍현장을 둘러보면서 자연의 위력이 정말 대단하다는 것을 다시 한번 실감했다. 인류의 역사와 함께 치수의 역사가 시작됐고 첨단장비를 이용한 기상관측 기술이 날로 발전하고 있지만 엄청난 비 피해를 막는 데는 역부족이었다.

안전불감증이 부른 화

우리 조상들은 청개구리가 울면 논의 물꼬를 트고 거미가 집을 지으면 미뤄둔 빨래를 햇볕에 말렸다고 한다. 그런데 현대인들은 자연과 멀어지면서 재해에 대한 감각이 무디어졌다. 또 규정을 지키지 않는 안전불감증과 준법정신 부족도 화를 부추겼다.

지리산 일대의 수해는 이런 면에서 아쉬운 점이 많았다. 여름 휴가철을 맞아 지리산 뱀사골, 피아골, 대원사 계곡에서 가족 단위로 야영하던 피서객들이 집중적인 피해를 입었다. 원래 전문 산악인들조차 두려워할 정도로 험산인 지리산에서는 계곡 야영이 금지돼 있다.

그런데 피서객들은 이 같은 규정을 무시한 채 계곡 하류에 텐트를 쳤다가 갑자기 불어난 물에 휩쓸리고 말았다. 이들은 단속 직원들이 만류하자 "내 마음인데 무슨 상관이냐"며 멱살잡이까지 했다는 것이다. 국립공원관리공단 사무소와 행정관청도 이들을 단속하는 데 소홀하기는 마찬가지였다.

경기도 북부의 파주, 동두천, 의정부 등은 96년에 이어 또다시 수해를 당하는 바람에 민생이 말이 아니었다. 쓰레기가 산더미처럼 쌓여 악취가 풍기고 온갖 피부병과 전염병에 시달리며 생필품도 부족하고 단전·단수까지 겹쳐 5중고를 앓아야 했다. 전쟁터나 마찬가지였다.

재해현장 방문이 방해가 되는 이유

나는 이번 수해기간 중 거의 매일 수해현장을 돌아보았다. 처음

지리산 일대에 수해가 났을 때 피해지역인 구례, 하동, 산청을 차례로 둘러봤다. 하동에서 산청까지는 육로로는 시간을 맞출 수가 없어서 헬기를 이용하기로 했다. 그런데 이륙 후 얼마 안 가서 악천후로 시야가 흐려져 레이더의 유도를 받아 사천 비행장에 불시착했다가 다시 현장으로 가야 했다.

내가 현장을 방문한다고 하자 현장에서는 장관을 맞이하기 위해 새삼스레 보고 자료를 만들고 브리핑 준비를 하느라 분주했다고 한다. 더구나 온다고 했다가 못 온다고 하고, 다시 또 헬기로 온다는 소식을 듣고 영접 인력을 선발하고 관계자가 대기하는 등 혼선을 겪었다고 했다. 실종자를 한 명이라도 더 찾아내야 할 급박한 상황임에도 불구하고 윗사람에게 형식을 갖춰 보고하는 데 신경을 쓰지 않을 수 없다는 것이었다.

그래서 다음부터는 아예 현장에 간다는 사실을 알리지 않도록 했다. 장관이 온다고 불필요하게 브리핑하는 것을 방지하고, 현장을 있는 그대로 확인하려는 의도였다. 그런데 막상 알리지 않고 출발하였더니 경기도 파주에서는 헬기가 내릴 곳을 찾지 못해 인근 군부대에 내려야 했고 군용 지프차를 빌려 현장을 가야 했다.

그 다음날도 연락을 하지 않고 강화의 피해 현장을 둘러보러 갔는데 현지의 직원들이 어떻게 '장관이 온다'는 정보를 입수해 영접 준비를 갖추고 있었다.

알리지 않고 가는 것도 쉬운 일이 아니었고 막상 그렇게 하는 것이 더 낫다고 볼 수도 없었다.

이처럼 무슨 큰 사고나 재해가 생기면 장관, 국회의원, 단체장들이 차례로 찾아와서 오히려 복구 작업에 방해가 된다는 지적도 많았다. 어떤 형태로든 현장 우선으로 합리적이고 효율적으로 개선되어야 할 관행이다. 현장에서도 복구 작업에 최선을 다하기보다는 나중에 예산확보를 쉽게 하기 위해 윗사람들에게 현장을 안내하고 보고하는데 더욱 신경을 쓰는 게 사실이다.

진정한 국민의 공복들

현장에 가보니 군인, 경찰, 공무원, 자원봉사자, 119 구조대원들의 고생이 여간 크지 않았다. 특히 119 구조대원들은 헬기를 이용해 피서객과 마을주민들을 안전한 곳으로 대피시키고, 유해를 수습하기 위해 잔뜩 불어난 강물에 뛰어들고, 한 가닥 로프에 의지한 채 공중에 매달려 자동차를 끌어내는 등 헌신적 봉사를 아끼지 않았다.

경남 사천소방서의 이정근 소방장과 이내원 소방위, 경기 구리소방서의 장순원 소방사는 구조활동 중 순직해 모든 이들의 가슴을 아프게 했다. 이내원 소방위는 안구까지 기증해 그야말로 살신성인의 자세를 보여줬다. 그들의 희생정신 앞에 다시 한번 숙연해진다.

얼마 전 부천의 가스 충전소 폭발사고 때도 3시간 가까이 연쇄폭발이 일어나면서 주변 일대를 불바다로 만든 대형사고였지만, 그래도 큰 인명피해 없이 마무리될 수 있었던 것은 소방대원들의 살신성인하는 노력이 있었기 때문이다.

당시 충전소 뒤에는 냉동회사의 대형 암모니아 탱크가 있어서 이곳이 폭발하면 인근 주택가 주민들에게 엄청난 인명피해를 입힐 수 있는 상황이었다. 주위의 모든 사람들이 대피하기에 급급하였지만 젊은 소방대원 20여 명은 생명의 위험을 무릅쓰고, 계속된 폭발로 인해 부상자가 속출하는데도 암모니아 탱크를 사수하기 위해 목숨을 건 몇 시간의 사투를 벌였던 것이다. 이들이야말로 진정한 국민의 공복이었다.

수해피해는 투자규모에 반비례

경기북부에 이어 서울에도 집중호우가 들이닥쳤다. '중랑천과 안양천이 넘친다', '한강 본류가 범람한다' 는 등의 우려 속에 참으로 애끓는 시간들을 보냈다. 이번처럼 전국적 재해상황이 발생할 때 방송의 역할은 매우 컸다. 신속한 상황보도와 대피요령, 교통 통제구간을 생생하게 국민들에게 전달해주었다. 그러나 한 가지 아쉬운 점은 지나치게 위기감을 조장한다거나 선정성을 띠는 경우가 있다는 것이다.

앞으로는 대규모 재해·재난 상황이 예측되거나 발생하면 전시에 준해서 재난방송도 의무화하도록 제도화해야 할 것이다.

특히 이번 수해는 정부의 공식 피해 집계로만 처음 1조2천억 원을 넘는 기록을 세웠는데 실제 피해액수는 몇 배에 이를 것으로 보인다.

수해피해는 투자 규모와 반비례한다. 서울 지역에 그렇게 큰비가 내렸는데도 인명피해가 거의 없었던 것은 그동안 댐을 만들고 산림녹화에 힘쓰는 등 치산치수에 집중적인 투자가 이루어졌기 때문이다.

다른 지역에서도 과거 수해를 당했을 때 단순히 원상복구만 하지 않고 비용이 많이 들더라도 하천의 흐름을 감안한 개량복구를 한 곳은 상대적으로 피해 규모가 적었다.

흔히 사회간접자본에 대한 투자는 생산적인 것이라는 인식에 비해 재해예방사업은 소모적인 것이라는 생각에서 투자 우선순위가 뒤로 밀리는 경향이 있다.

97년의 경우 방재 분야 투자액은 모두 2천4백억 원으로 도로 분야 투자액 8조1천억 원의 3%에 불과했다. 대단위 개발사업에 있어서도 방재 분야에 대한 관심이 낮고 계획 수립과 설계시 풍수해와 관련된 사전검토가 미흡하다.

생산을 늘리는 것도 중요하지만 해마다 엄청난 규모로 늘어나는 수해피해를 줄이기 위한 예방사업도 그에 못지않게 중요하다. 국토의 보존과 국민생활의 안전 그리고 피땀 흘려 일구어놓은 국민의 재산을 지킨다는 뜻에서 생산과 똑같이, 아니 오히려 그보다 더욱 중요하게 다루어져야 할 것이다.

신창원 소동

탈옥수 신창원 사건은 우리 경찰의 역량이나 치안의 현주소를 확인할 수 있는 값진 경험이었다. 신창원 검거 실패를 통해 경찰의 잘못된 근무 형태와 무능력, 기강 해이가 총체적으로 드러났다.

탈옥수 신창원 사건은 우리 경찰의 역량이나 치안의 현주소를 확인할 수 있는 값진 경험이었다. 신창원 검거 실패를 통해 경찰의 잘못된 근무 형태와 무능력, 기강 해이가 총체적으로 드러났다.

신창원은 알다시피 살인죄로 복역중 97년 1월 부산교도소의 화장실 쇠창살을 뜯고 달아나 1년 8개월 이상 전국을 무대로 범죄 행각을 벌여왔다. 탈옥한 이후에도 강도, 절도 짓을 수없이 저지르면서 숱한 사람들에게 해를 끼쳤다.

사실 장관으로 부임한 이후 신창원 문제는 나를 가장 곤혹스럽게 한 문제 중 하나였다. 여론의 따가운 시선을 생각하면 치안의 주무 장관으로서 국민들께 정말 송구스러운 심정이다.

치안은 국방과 함께 국가존립을 가능하게 하는 2대 지주라고 본다. 국방력으로 외우(外憂)를 막고, 치안력으로 내환(內患)을 다스리지 못하면 국가를 지탱할 수 없는 것이다. 사회질서 유지의 근간인 경찰이 흔들리고 국민으로부터 불신을 받게 되면 전체 사회가 불안하게 마련이다.

사람들은 왜 신창원에 열광했나

신창원 사건을 계기로 우리 경찰은 그야말로 치욕스런 돌팔매와 원성을 감수해야만 했다. 경찰이 범인과 다섯 번이나 마주치고도 모두 놓쳤다는 사실은 어떤 변명이나 해명으로도 국민을 설득할 수 없다.

신창원 사건은 경찰이 검문, 순찰근무, 상황실 지령, 지시보고 체계 등 기본 근무수칙만 제대로 지켰으면 해결할 수 있는 문제였다. 나는 수사본부를 방문한 자리에서 신창원 검거에 실패한 경찰관 2명을 비롯해 수사 책임자들을 강하게 질책했다.

경찰은 신창원에 관한 한 고양이 앞의 쥐처럼 주눅이 들어서 무기력 상태, 그 자체였다. 무장 경관 10명이 맨손의 탈옥수를 뒤쫓다가 눈앞에서 놓치는 등 어처구니없는 실수를 반복하는 지경이었다.

그는 오랜 기간 체력을 단련하고 치밀한 계획을 세워 영화의 한 장면처럼 탈옥에 성공했다. 탈옥한 이후에도 경찰과 대치하면서 번번이 신출귀몰하게 도주했다. 또 의적인 양 고급 빌라만을 골라서 승용차와 현금, 달러를 훔쳤다. 거기에다 교도행정과 경찰의 문제점까지 들먹였다. 이 같은 그의 행각은 국민의 이목을 집중시켰을 뿐 아니라 영웅시되기까지 했다. 신창원을 주인공으로 한 소설과 만화가 등장했으며 PC통신에는 "신창원이 영원히 안 잡혔으면 좋겠다"

는 어처구니없는 글까지 실렸다.

그러나 신창원은 어디까지나 살인범이며 탈옥수다. 또 계속해서 절도 행각을 벌이고 있는 흉악범이다. 결국 경찰에 대한 국민들의 실망이 신창원에 대한 잘못된 연민으로 바뀐 게 아닌가 한다.

내가 신창원 검거 실패에 대해 해당 경찰관을 크게 나무란 데 대한 반론도 제기됐다.

한 시민은 '장관과의 대화방'에 편지를 보내 "차라리 온 국민들이 고요히 잠든 새벽녘, 검문을 하지 않고 순찰차에서 술이나 마시든지, 그렇지 않으면 업주로부터 술대접을 받든지, 아니면 꿈나라로 갔든지 했으면 부모, 자식, 친지들에게 못난 모습을 보이지 않았을 것입니다. 아마도 일부 잘못된 경찰관들은 그 시간에 적당히 시간을 때우는 사람도 분명 있었으리라 생각합니다. 치안 책임자로서 화가 났을 수도 있으나 이번 일로 인해 대충대충 상관의 눈치나 보면서 적당주의로 흐르지 않을까 걱정이 됩니다"라고 지적했다.

또 한 대학생은 "장관님은 경찰과 무관한 사람처럼 현직 경찰관만 비판을 했는데 그 의도는 경찰관의 질타가 아닌 자신만 국민의 비판을 피해나가려는 것으로 보였습니다. 경찰관의 책임도 물어야 하지만 더욱 중요한 것은 경찰관들에게 신창원을 잡을 수 있도록 기회와 지원을 아끼지 않는 것입니다"라는 글을 올렸다.

해당 경찰관을 질타한 것은 주무 장관으로서 책임을 전가하는 것이 아니라 조직의 책임자로서 제대로 대응이 안 된 점을 질책하고 독려하려는 것이다. 범인을 앞에 놓고도 놓치고 시민이 신고했는데도 출동이 늦어진 부분에 대해서 어떻게 관련 경찰관의 책임을 묻지 않을 수 있단 말인가.

범죄자에게 공권력이 우롱당하는 건 수치

경찰관은 고생을 많이 한다. 어느 공무원보다 헌신적이고 희생이 요구되는 직업이다. 잠복근무, 비상근무, 교통단속, 음주단속, 불법시위 진압 동원, 방범순찰근무 등 일선 경찰관들의 과중한 업무를 누구보다 잘 알고 있다.

그러나 국민의 신뢰는 조금씩 쌓이고 한꺼번에 떨어진다. 신창원 사건으로 말미암아 떨어진 경찰에 대한 신뢰를 회복하려면 오랜 시간이 걸릴 것이다. 주무장관으로서 이 같은 형편이 안타까운 심경이다.

신창원뿐만 아니라 어떤 범죄자도 공권력을 우롱하는 행위에 대해서는 단호하고 신속한 법집행으로 경찰 위상을 확립해야 한다. 왜냐하면 경찰은 불법으로부터 국민을 보호하는 공권력의 상징이기 때문이다.

그러나 단호하고 당당한 공권력의 행사는 국민의 신뢰회복이 전제되어야 한다. 이를 위해 앞으로 '경찰개혁위원회'를 만들어 국가경찰체제에 대해 종합적인 진단을 내릴 계획이다. 자치경찰제 도입을 추진하고 정보 · 수사 · 경비 등 경찰 전 분야와 파출소 등의 경찰력 배치 운용방식을 개선해 나갈 것이다.

이제 더 이상 무능하고 무기력한 경찰, 기강이 흐트러진 경찰이어서는 안된다. 경찰의 명예를 떨어뜨리고 국민 안전에 기여하지 못하는 무능하고 부패한 경찰은 과감하게 퇴출시키고 젊고 유능한 경찰을 보강해 조직의 신진대사를 촉진하고, 철저한 교육훈련을 통해 강력한 경찰로 거듭나야 한다.

미래의 범죄 양상은 신창원 사건과 같이 전 국민을 불안하게 하거나 불특정 다수를 볼모로 하는 테러 범죄와 '사이버 테러'라고 불리는 각종 컴퓨터 악용 범죄 그리고 학교폭력, 청소년 범죄 등 경찰의 과거 치안활동 범위를 뛰어넘을 것으로 예상된다.

'깨진 유리창론'의 교훈

따라서 이제는 범죄자를 뒤따라가는 수사활동에서 탈피해 우려되는 치안수요에 미리 대처하는 예방경찰 활동이 요구된다. 최선의 치안정책은 범죄예방이다. 범죄가 일단 행해지면 인명, 재산 등 직접 피해뿐 아니라 사회불안 등 여러 가지 간접손실이 수반된다.

루돌프 줄리아니 뉴욕 시장은 소위 '깨진 유리창론'이라는 범죄 대책을 채택했다. 이는 범죄 후 사후 수습대책이 아니라 사전 범죄 예방에 치중한 정책이다. 지하철의 깨진 유리창 등 범죄 환경을 방치할 경우 그 자체가 범죄를 용인하고, 나아가 또 다른 범죄를 조장하는 결과를 초래한다는 것이다. 즉 범죄유발 환경을 없애 범죄발생의 억제를 유도하는 정책으로 취임 이후 4년 동안 뉴욕시의 범죄율이 60%나 감소했다.

또 하나 경찰력으로 완벽한 치안을 감당할 수 있다는 시각은 이제 바뀌어야 한다. 신창원 사건에서 알 수 있듯이 시민들의 협조가 갈수록 중요해지고 있다. 주민들이 적극 참여하는 '지역치안체제'

(Community Policing) 구축으로 모두가 치안관 역할을 하는 협동치안 체제로 나아가야 한다. 경찰행정도 분권화 및 시민과의 공동노력을 강조하는 새로운 패러다임으로의 전환이 필요하다.

모럴해저드

'모럴해저드(Moral Hazard)'라는 생소한 말이 우리 사회에서 유행어가 됐다. 우리말로는 '도덕적 해이'라고 번역된다. 도덕적 해이는 거래나 계약관계에서 이해당사자 중 한쪽이 상대방에 대한 정보를 충분히 갖고 있지 않을 때 정보를 가진 쪽이 자신의 우월적인 위치를 이용해 상대를 배려하지 않고 책임을 기피하는 행태를 일컫는다.

내가 아는 재미교포 가운데 사업에 크게 성공한 사람이 있다. 그는 중국에 많은 투자를 했는데 정작 모국에는 투자하기를 꺼렸다.

그 이유를 물었더니 한국은 상거래에 있어서 공정한 룰이 서지 않고 정부도 국내기업에만 편향된 입장을 취한다는 것이다. 더욱 심각한 것은 상거래, 시민생활에 있어서 모럴해저드 현상이 만연하기 때문에 사업에서 성공하는 것이 어렵다는 것이다.

'모럴해저드(Moral Hazard)'라는 생소한 말이 우리 사회에서 유행어가 됐다. 우리말로는 '도덕적 해이'라고 번역된다. 도덕적 해이는 거래나 계약관계에서 이해당사자 중 한쪽이 상대방에 대한 정보를 충분히 갖고 있지 않을 때 정보를 가진 쪽이 자신의 우월적인 위치를 이용해 상대를 배려하지 않고 책임을 기피하는 행태를 일컫는다.

이 말은 원래 경제학 용어로 시장경제의 효율성을 주창한 애덤 스미스가 250년 전 자신의 저서인 『국부론』에서 태만과 낭비(negligence and profusion)라고 지칭했던 것이다.

현대 경제학에서는 미국의 보험 가입자들이 약관을 악용하거나 사고 방지에 태만하여 사고를 일으킨 뒤 보험금을 타내는 비도덕적 행위가 나타나면서 30년 전부터 도덕적 해이란 이름을 붙여 집중 연구하고 있다.

도덕적 해이가 가져오는 사회적 폐해가 엄청나다. 우리나라의 경우 일차적으로는 거래 · 계약관계에 있는 이해당사자에게 경제적 손실을 입히고 다시 지역주민, 납세자 등으로 연쇄 파급된다. 이후에도 도덕적 해이를 방지하기 위해 정보수집과 감시활동에 추가비용이 들어가며 상대를 불신하게 되어 궁극적으로 시장경제의 근간인 윤리의식과 신용 메커니즘을 붕괴시킨다.

나라 전역에 퍼져 있는 모럴해저드

그러나 이 용어는 비단 경제부문에만 해당되는 것은 아니다. 정부, 정치권, 공공부문, 기업, 금융권, 이익단체 등 사회 전반에 걸쳐 정보의 비대칭성, 법이나 제도의 허점, 보상체계 미흡 등의 문제가 있는 곳이면 어디든지 나타난다.

도덕적 해이가 나타나면 구성원들은 책임의식과 성실성을 잃어버리고 자신의 이익만 추구하며 집단이기주의에 빠지게 돼 결과적으로 사회 전체에 큰 손실을 가져오게 된다. 일은 쉬엄쉬엄 대강대강 하면서 내 것이냐, 네 것이냐며 인심은 듬뿍 쓰고 기회가 있으면 몰래 슬쩍슬쩍 자기 주머니를 채우는 것이 도덕적 해이다.

정부부문에서는 예산낭비와 부실투성이인 국책사업, 관료의 복지부동, 회계년도 말기에 남은 예산을 마구잡이로 집행하는 행정관행, 공기업의 경영 불투명과 비효율, 정부 산하기관의 낙하산 인사 등이 도덕적 해이의 대표적 사례들이다. 특히 공공기관과 같이 주인과 소유관계가 명확하지 않으면 더욱 심각하다.

기업도 마찬가지다. 관행화된 불투명한 회계처리를 통해 매출규모를 확대하고 신용상태를 과대 포장한다. 정치권 로비를 위해 비자금을 조성하고 기술개발보다는 접대에 치중하는가 하면 고의 부도를 내기도 한다.

은행은 기업들에게 자금을 대출해주면서 재무 건전성이나 사업성 등 신용평가를 게을리했다. 주주보다는 관료의 눈치를 보았고 대기업은 망하지 않는다는 그릇된 생각 아래 '재벌의 사금고'로 전락했다.

IMF 이후 사회 전반의 구조조정 과정에서 도덕적 해이는 더욱 극명하게 드러났다. 인수합병 대상이 된 은행원들이 전산자료를 감추고 인수 은행으로 몰려가 창구업무를 마비시키는 등 갖가지 방해 행위를 일삼아 피해가 속출했다.

또 퇴출 금융기관은 파산시 최종 3년의 퇴직금만 우선 지급받도록 돼있는데도 영업정지 전후에 퇴직금을 중간 정산했고 별도로 고액의 명예퇴직금을 지급하기도 했다. 여기서 발생한 손실은 고스란히 주주, 예금자, 납세자의 몫으로 돌아간다.

월급 많고 편한 직장으로 부러움을 샀던 공기업의 직원들도 내용상 정리해고인데도 명예퇴직으로 처리돼 한꺼번에 많은 돈을 쥐었다. 일부 공기업의 부장급 퇴직금은 이것저것 합쳐 수억 원이나 됐다고 한다. 중소기업들이 하루아침에 부도가 나서 퇴직금은커녕 밀린 임금조차 받지 못하는 상황을 감안할 때 도가 지나치다.

지방자치단체에서도 조직개편 작업이 진행되면서 일부 통폐합 대상 부서의 직원들이 일손을 놓고 심지어 모든 업무서류를 캐비닛에 넣어 둔채 휴가를 떠나는 등 업무가 마비되는 행정 공동화 현상이 일부 나타났다.

공무원들은 우리 사회에서 우월한 위치를 차지해왔다. 결과는 기강이 흐트러지고 권위의식을 가진 모습으로 나타난다. 국민에게는 이래라 저래라 하면서도 정작 자신들은 사소한 일조차 실천의지를 갖지 않는 것은 공무원으로서의 기본적인 도덕성을 의심할 수밖에 없다. 결국 공직기강을 비롯해 사회 전반의 도덕적 해이가 IMF를 불러온 원인이자 위기를 극복하는 데 걸림돌이 되고 있는 것이다.

정책 주관 부서의 버젓한 위반

나는 세종로 정부종합청사에서 일하는 경비, 청소부 아주머니들과 함께 점심을 하면서 애로 사항을 물은 적이 있다. 이들이야말로 현장의 소리를 전할 수 있는 사람들이다.

그런데 청소부 아주머니들이 청사 내에서 분리수거가 안 된다고 해서 깜짝 놀랐다. 쓰레기 분리수거를 실시한 지가 벌써 몇 년이 됐는데 바로 정책을 만든 정부 청사 내에서 실천이 안 된다는 말인가. 또 청사 전체가 이미 95년부터 금연구역으로 정해져 있는데도 아무 데서나 담배를 피우고 심지어 엘리베이터 안에 담배꽁초를 버린다는 것이다.

정부청사는 관행적으로 모든 단속으로부터 치외법권이 돼온 셈이다. 나는 당장 청사 내 분리수거를 하도록 지시하고 담당부서에서는 정해진 흡연 장소 이외에서 담배를 피우다가 적발된 사람은 명단 공개와 함께 벌 당직이나 청사 주변 청소 등 사회봉사활동을 시키도록 했다.

최근 사회 전반에 심화되고 있는 도덕적 해이 현상은 국가의 장래에 암운을 드리우고 있다. 도덕적 해이란 환부를 치료하지 않으면 난국 탈출은 불가능하다. 특히 개혁을 주도하는 정부가 앞장서서 도덕성을 회복하고 비능률을 없애기 위해 노력해야 한다.

국가발전의 초기 단계에서는 경제적 자본이 중시된다. 그러나 발전 정도가 일정 수준에 오르면 사회 구성원 간에 신뢰와 양식을 쌓는 사회적 자본이 필요하다. 우리 사회는 이 단계에 와 있는 것이다.

도덕적 해이를 치유하기 위한 제도적 방안으로는 독점적 정보를 공개하고 인센티브제를 강화하는 것을 들 수 있다. 정부와 사회지도층이 온갖 정보를 독점하는 데 따른 폐해를 막기 위해서라도 정보의 공유와 공개 절차가 반드시 필요하다. 따지고 보면 IMF의 직접적인 원인도 정부와 청와대의 폐쇄적인 정보유통채널에서 비롯된 것이다.

또 공익을 우선하고 책임을 다하는 행동에 대해서 인센티브가 주어져야 하며 정부가 가진 권한과 감시기능을 상당 부분 민간에 넘겨주는 것도 필요하다.

일례로 새로 도입되는 주민감사청구제를 들 수 있다. 이 제도는 지방행정의 투명성을 높이고 주민의 참여를 유도하기 위한 것으로 자치 단체의 행정사무처리가 법령을 위반하거나 제대로 업무를 수행하지 못할 경우 주민들이 직접 나서서 감사를 청구할 수 있도록 했다. 해당 관청에서는 주민들의 감사청구가 들어오면 감사를 실시한 뒤 그 결과를 주민들에게 반드시 알리고 지방의회에도 보고해야 한다.

이미 고질화된 도덕적 해이 현상을 치료하려면 감시활동을 강화하는 데서부터 거꾸로 시작해야 한다. 그리고 잘못된 제도와 관행을 고치고 인센티브제를 통해 구성원들이 올바른 방향으로 가도록 유도하는 게 순서일 것이다.

그러나 무엇보다 국민의 의식개혁과 국가 전체의 분위기 쇄신이 중요하다. 내 몫만 챙기고, 나만 잘 살기보다는 나누어 갖고, 더불어 잘 사는 세상을 만들겠다는 공동체 의식이 필요하다. 특히 권력과 정보를 갖고 있는 사회 지도층부터 도덕성을 회복하는 일이 시급하다. 도덕과 질서가 '공공재' 임을 새삼 인식할 필요가 있다.

5

불량률 제로의
행정서비스 공장

원스톱 행정서비스 시대

정부대표 홈페이지는 행정부, 입법부, 사법부, 광역자치단체, 공공단체 등 74곳의 웹 사이트를 한 군데로 연결시켜 우리나라 대표 사이트를 표방하게 된다. 즉 행정 정보의 원스톱 서비스이다.

"앞으로 간부들은 전자결재 건수를 인사고과에 반영할 테니 그렇게 아세요. 컴맹 국장은 공직사회에서 발붙이기 어려워질 겁니다."

내가 간부들에게 이렇게 말한 뒤에도 전자결재가 좀처럼 늘어나지 않는다. 전자정부를 만들기 위해 막대한 예산 투자와 노력을 하는데도 불구하고 기대했던 만큼 효과를 거두기 어렵다. 아무리 훌륭한 시스템을 구축해도 쓰지 않으면 소용이 없는데 역시 간부들이 컴퓨터에 익숙하지 않다는 사실이 가장 큰 난제로 작용하는 것 같다.

정부는 공무원 각자에게 고성능 PC를 지급하고 데이터 베이스를 구축한 데 이어 96년부터 전자결재를 비롯, 전자문서 유통과 인터넷 사용을 위해 부처 내부(LAN)와 청사 간(WAN)에 초고속 통신망을 설치하고 있다. 98년 6월 말 현재 공무원의 PC보급률은 1.43명

당 1대로 70% 수준이며, 99년까지 10만 명에게 e메일 ID를 부여할
예정이다.

전자정부의 구현은 개혁의 바로미터

현재 정부의 정보화 수준이 아직은 초보단계에 머물고 있다는 것
이 솔직한 표현일 것이다. 그러나 업무 효율과 대민 서비스의 질을
획기적으로 끌어올리기 위해서는 컴퓨터의 고도 활용과 전산망의
구축이 매우 중요하다.

행자부의 경우 기회 있을 때마다 강조하지만 아직까지 전자결재
건수가 한 달에 수십 건 수준이다. 많은 공무원들이 얼굴을 맞대는
기존 결재방식을 선호하기 때문이다.

장·차관실은 항상 결재를 받으려는 직원들로 붐빈다. 결재가 밀
릴 때는 30분 이상씩 기다리기도 한다. 기안자가 과장, 국장, 부서장,
차관, 장관까지 결재를 받으려면 서류를 만드는 시간보다 왔다 갔다
하면서 기다리는 시간이 더 많다.

물론 업무성격상 전자결재가 어려운 경우도 있다. 그러나 전자결
재가 뿌리내리지 못하는 가장 큰 이유는 구태의연한 결재문화 때문
이다. 직접 말로 설명해야만 확실하다는 고정관념을 깨지 못하는 것
이다.

뿐만 아니라 정보통신기술을 활용하면 행정업무의 효율성을 크
게 높일 수 있다. 일례로 국회가 열리면 의원들의 질문에 대비해 많
은 공무원들이 업무를 중단한 채 국회의사당 복도에까지 대기하는
일이 많다. 이 같은 비효율을 막기 위해 사무실에서 업무를 계속하

면서 컴퓨터와 정보통신기술을 활용해 필요한 자료를 전송하는 방식을 적극 활용해야 할 것이다.

정부의 구조개혁을 위해서는 전자정부의 구현이 필수적이다. 정부는 그동안 행정의 경쟁력을 향상시키기 위해 막대한 투자를 했다. 96년 5천1백억 원의 예산이 정보화 사업에 들어갔고 98년에는 7천8백억 원으로 늘어났다.

앞으로 세종로 청사와 과천 청사, 대전 청사는 물론, 중앙부처의 단독 청사와 각 시 · 도 청사까지 전국에 걸쳐 초고속 행정정보통신망이 연결되면 서울 세종로청사 사무실에 앉아서 컴퓨터의 단추를 하나 누르면 행정문서가 제주 도청 사무실까지 순식간에 날아간다.

이렇게 되면 97년 기준 6천6백만 건에 이르는 정부의 문서 생산 · 유통량 가운데 40%인 3천만 건이 감축될 것으로 보인다.

행정 정보의 원스톱 서비스

전자정부가 정착되면 정부 내부의 행정효율이 높아지는 것은 물론 대국민 서비스의 수준도 완전히 달라진다. 최근 서비스를 시작한 행정자치부 정부전산정보관리소의 홈 민원센터(www.homeminwon.go.kr)는 각 부처를 망라한 4,500여 종의 민원사무를 상세히 소개하고 있다.

민원서류나 업무가 어느 부처의 소관인지, 해당 부서의 전화번호까지 함께 수록돼 손쉽게 확인해볼 수 있다. 또 각 업무들이 전화나 방문, 우편 등으로 신청할 수 있는지 여부를 구분해 소개하고 있으며 민원업무 관계 부처와 근거 법령 등의 정보, 처리 방법과 구비서류를 일목요연하게 알려주고 있다.

이곳을 통해 개별적으로 운영 중인 지방자치단체 사이트로 바로 연계되어 편리하게 민원안내를 받거나 민원서류를 신청할 수 있으며, '정부대표 홈페이지' 및 PC통신 '열린 정부'와 연계하여·관보, 정부인사 등 행정공통정보와 각급 행정기관의 행정정보도 같이 서비스 받을 수 있도록 했다.

정부대표 홈페이지(www.gcc.go.kr)는 행정부, 입법부, 사법부, 광역자치단체, 공공단체 등 74곳의 웹 사이트를 한 군데로 연결시켜 우리나라 대표 사이트를 표방하게 된다. 즉 행정 정보의 원스톱 서비스이다.

앞으로 행자부는 정부의 행정 정보화 주무부서로서 인터넷이나 외국 선진국의 무인정보 단말기(Kiosk) 등 다양한 행정서비스 전달 수단을 통해 국민들에게 24시간 민원 서비스를 개방하고, 정부가 추진 중인 민원정보 종합처리 시스템을 통해 원스톱 행정서비스를 확장해서 시간과 장소에 구애받지 않는 행정서비스를 제공할 것이다.

이를 위해 99년까지는 중앙 행정기관 간, 2001년까지는 중앙—지방 간, 2002년까지는 민간—정부 간 행정정보를 유통시키기 위한 사업을 추진 중이다. 이것이 완료되는 2002년부터는 사이버 공간을 통해 행정업무에서 사용되는 각종 서류는 물론이고 국민들이 정부에 제출하는 각종 증명서들이 전산 처리되는 시대가 올 것이다.

뿐만 아니라 2002년까지 2천4백여 개에 달하는 시·군·구 일선 행정업무를 주민, 토지, 차량 등 21개 업무로 재정립하고, 시·도를 중심으로 되어 있는 행정정보시스템을 일반 주민들이 보다 가깝게 사용할 수 있도록 시·군·구 중심으로 전환해 나갈 계획이다.

이처럼 첨단 정보통신기술을 활용해 각종 민원업무를 처리하고 국민의 다양한 행정요구에 대한 정부의 대응성을 높이는 '전자대응성'(electronic responsiveness)이란 개념이 미래의 행정에서는 매우 중요한 요소로 부각될 것이다.

빌 게이츠와 전자정부

전자정부란 21세기 지식 정보사회에 적합한 고객 지향적 정부를 말한다. 정보기술을 활용하여 정부의 생산성을 높이고 국민들이 편리하게 각종 민원을 처리할 수 있도록 질 높은 행정서비스를 제공하게 된다.

미국 마이크로소프트사의 빌 게이츠 회장이 행정자치부를 방문했다. 그는 전자정부를 만드는 데 필요한 첨단정보망인 DNS(Digital Nervous System) 제공의향서에 사인을 하기 위해 왔으며 공무원들을 상대로 강연회도 가졌다.

나는 아침 일찍 국무위원 식당에서 그를 만났는데 세계 제일의 부자답지 않은 소박한 모습에 내심 놀랐다. 직원 3명, 통역과 함께 나타난 빌 게이츠는 수수한 옷차림에다 주머니에 손을 넣은 채 자유 분방한 분위기를 풍겼다.

내가 "나는 기독교 신자이지만 불가에서는 전생에 3,000번 만난 인연이 있어야 이승에 와서 옷깃을 한 번 스친다고 한다. 그런데 우리가 오늘 이렇게 만나서 서로 대화하고 아침식사까지 함께 하는 것을 보면 모르긴 해도 전생에서 최소한 1만 번 이상 만난 인연이 있지 않나 생각된다. 지금은 당신이 세계에서 제일 부자지만 전생에서는 당신이 내게 빚이 있었는지도 모를 일이다"고 조크를 겸한 인사말을 건네자 그는 의미를 이해한다는 듯이 미소를 지어 보였다.

그는 행자부에서 2002년까지 2단계로 나누어 행정개혁을 실시하는 등 정부의 구조조정을 추진 중이라는 설명을 듣고 효율적인 구조조정을 위해서는 정보화 부문의 투자가 필수적이라고 강조했다.

정부의 구조조정은 조직개편과 인력감축은 물론, 기존의 업무처리 절차와 방식을 바꾸어 경쟁력 있는 정부를 만드는 것이다. 그러므로 이 과정에서 행정 흐름에 맞춰 정보화를 병행하면 업무공백을 막을 수도 있으며, 투자의 효율성도 더욱 높아지게 된다고 설명했다.

머리부터 발끝까지 효율적으로

빌 게이츠는 미래의 주력 사업 부문인 DNS에 대해 소개했다.

DNS는 유기체의 살아 있는 신경망처럼 효율적으로 조직을 운영할 수 있는 통합정보 시스템이다. 조직원들이 각자의 PC를 통해 필요한 데이터 베이스에 쉽게 접근할 수 있고 e메일로 필요한 정보를 수시로 주고받으며 조직의 머리부터 발끝까지 효율적인 정보유통이 가능하도록 만드는 것이다. 즉 많은 사람이 일하는 조직을 한 몸처럼 유연하게 움직여 급변하는 환경에 적절히 대응하도록 정보통신 기술을 총 집약한 것이 DNS이다.

예를 들어 DNS를 이용하면 한 공무원이 정책을 입안하는 과정에서 다른 사람이 과거에 작성한 관련 서류를 보고 싶을 경우 자신의 컴퓨터 앞에 앉아서 단 몇 분만에 쉽게 찾아낼 수 있다는 것이다.

빌 게이츠는 전자정부의 성공사례로 아일랜드, 호주, 싱가폴 등을 들었다.

아일랜드 정부는 민원서류를 인터넷을 통해 발급해주는 시스템을 갖추고 집에 PC가 없는 국민들을 위해 수천 군데 우체국에 PC를 설치했다. 우체국에 가면 여권을 발급받고 연금내용을 확인할 수 있으며 우표를 사고 세금을 납부하는 등 모든 일을 할 수 있다. 우체국을 전자정부의 공공 간이사무소(public kiosk)로 만들어 전체 국민이 정부로부터 쉽게 온라인 서비스를 받을 수 있도록 한 것이다.

호주에서는 지방정부가 '키오스크'를 도입해 공무원과 직접 접촉하지 않더라도 주소가 바뀐다든지, 혼인신고를 한다든지 여러 가지 신변의 변화가 생기면 전자방식으로 변경할 수 있다. 기업을 창업할 때도 온라인으로 신청서를 내면 된다.

싱가폴은 인구밀도가 높은 도시국가이므로 정보화 사업이 무척 효율적이다. 싱가폴 정부는 스스로 고속통신망을 갖추었을 뿐 아니라 새로 짓는 건축물에도 의무적으로 통신망을 설치하도록 규제하고 있다. 그래서 시민들이 인터넷으로 연결돼 있으며 정부 민원 처리는 물론, 가정이나 사무실에서 보편적으로 e메일을 사용하고 있다. 투표도 전자 ID를 사용해 가정에서 할 수 있으므로 절차가 간편해진 데다가 여러 방면으로 관련 정보를 활용할 수 있게 됐다.

일반적으로 정부보다는 기업이 정보기술을 선도하고 있는데 싱가폴은 정부가 기업보다 앞장서서 정보화를 이뤄냈으며 덕분에 정부의 효율이 상당 수준에 이르렀다.

빌 게이츠는 "전자정부 초기에는 컴퓨터를 이용하는 사람이 있는 반면 종이로 문서작업을 계속하는 사람도 있어서 오히려 투자효율이 떨어지는 만큼 빠른 속도로 정보기술을 활용하는 쪽으로 전환해야 한다"고 충고했다. 정부가 확신을 가졌다면 머뭇거리기만 하지 말고 확실히 추진해서 뭔가 달라졌다는 성과를 국민들에게 보여야 한다는 것이다.

기술로 인한 문제는 기술로 해결한다

그는 확실히 기술중심주의자였다. 대부분의 사회문제를 첨단기술로써 풀 수 있다고 믿는 것처럼 보였다. 또 새로운 기술로 인해 문제가 발생할 경우 정책으로 뒷받침하면 된다는 생각을 갖고 있었으며 사례를 들어 설명했다.

미국에서 비디오 가게 주인들이 고객들의 대여목록을 컴퓨터에 입력해 관리하기 시작했다. 그랬더니 홍밋거리를 쫓는 기자들이 유명인사의 대여목록을 공개해서 공격했다. 대여목록 중에는 음란물의 대여기록이 적지 않았기 때문이다. 이것이 사생활 보호문제로 비화되자 정부에서는 결국 비디오 대여기록의 기밀을 유지하도록 하는 법을 만들었다는 것이다.

정보산업은 황금알을 낳는 거위에 비유되는 미래의 유망 산업이다. 미국은 80년대 중반까지 혹심한 경제 불황에 시달렸다. 그러나 정보화 투자를 확대함으로써 고도성장과 저실업을 유지하고 있다. 미국의 정보통신산업은 90년대부터 경기 호황을 주도함으로써 핵심 산업으로 성장했다.

비단 정보산업뿐 아니라 일반적인 상거래도 컴퓨터를 통해 이뤄지고 있다. 미국에서는 주식 거래의 3분의 1 정도가 인터넷상에서 이뤄지고 도서 구입이라든지 여행 예약, 제품 홍보 등 전자상거래의 비중이 갈수록 커지고 있다.

클린턴 행정부도 앨 고어 부통령의 책임하에 행정평가위원회를 구성해 정보화를 통한 행정개혁을 강력히 추진했다. 그 결과 종이문서가 없어졌으며 연방공무원 35만 명을 감축하고 1천3백억 달러가 넘는 예산을 절약했다.

정보화 사업은 인간 생활에 각종 편의를 제공할 뿐 아니라 새로운 일자리 창출에도 큰 몫을 한다. 유럽연합은 21세기의 모든 일자리 중 3분의 2가 정보통신을 기반으로 창출될 것으로 장기 전망했다.

민간의 정보화를 앞당기기 위해서는 정부의 노력이 중요하다. 우리도 전자정부를 실현하기 위해 고속 통신망을 갖추고 거대한 데이터 베이스를 구축하며 일상 업무에서의 컴퓨터 사용을 의무화하는 등 여러 가지 준비를 갖춰 나가고 있다.

전자정부, 어떻게 달라지나

전자정부란 21세기 지식정보사회에 적합한 고객 지향적 정부를 말한다. 정보기술을 활용하여 정부의 생산성을 높이고 국민들이 편리하게 각종 민원을 처리할 수 있도록 질 높은 행정서비스를 제공하게 된다.

전자정부가 이루어지면 여러 가지 근본적인 변화가 생긴다.

첫째 행정기관과 국민과의 관계가 혁신된다. 과거에는 국민이 여러 기관을 방문하여 서류를 처리(multi-stop service)했다면, 현재는 한 차례의 방문으로 처리(one-stop service) 할 수 있다.

미래에는 행정기관을 방문하지 않고도 민원행정자동처리기(kiosk), 또는 인터넷이나 PC통신을 통해 원거리에서도 편리하게 민원을 처리할 수 있는 시스템(non-stop service)이 갖추어질 것이다. 국민들은 원하는 정보를 매우 손쉽게 얻을 수 있다.

뿐만 아니라 인터넷을 통해서 정부의 정책수립 과정에 참여하거나 국민 여론을 전달할 수 있다. 행자부에서 운영하는 정부 대표 홈페이지(www.gcc.go.kr)에서는 '정책포럼'을 시범 운영 중에 있다. 사이버 공간을 통한 토론이 활성화되면 정책결정의 투명성과 민주화 측면에서도 '전자민주주의'라는 개념이 본격화되는 큰 변화가 생길 것이다.

둘째, 행정기관 사이의 관계가 혁신된다. 초고속 행정정보통신망을 통해 공통의 정보를 이용하거나 필요한 정보를 교류하면서 업무를 신속하게 처리하고 행정 협조 및 사업추진 공동계획, 공동관리도 한층 편리해진다. 또 상호 교차확인이 가능한 서류는 민원인이 첨부하는 것이 아니라 행정기관이 교차확인함으로써 민원절차가 대폭 간소화된다.

셋째, 행정기관의 내부관리가 혁신된다. 전자결재, 전자우편, 전자홍보가 현실화·생활화되고 각종 민원, 불편사항을 전자 접수·처리해 준다. 현재 정부에서 운영하는 각종 인터넷 홈페이지들은 이것의 기초적인 운영 형태를 잘 보여주고 있다.

유망기업을 살려주세요

모 그룹 계열 전 자회사의 K선임연구원은 "개인용 컴퓨터에 장착되는 CD-ROM보다 성능과 기능이 우수한 DVD-ROM이라는 차세대 축적 미디어 개발을 기업의 구조조정으로 포기해야 하는 지경에 이르렀다"고 호소했다.

한 유수한 기업체의 연구원이 자신의 연구 프로젝트를 살리기 위해 '장관과의 대화방'을 노크해 조그만 도움을 준 적이 있다. 그는 다급한 심정으로 인터넷을 뒤지다가 '장관과의 대화방'을 발견하고 행자부의 업무는 아니지만 장관과의 직접 대화를 통해 도움을 구할 수 있을 것으로 기대하고 글을 올렸다고 한다.

모 그룹 계열 전자회사의 K선임연구원은 "개인용 컴퓨터에 장착되는 CD-ROM보다 성능과 기능이 우수한 DVD-ROM이라는 차세대 축적 미디어 개발을 기업의 구조조정으로 포기해야 하는 지경에 이르렀다"고 호소했다.

"저희 부서에서 현재 개발이 완료돼 초도 생산까지 진행된 상황에서 이 사업을 포기하는 현실이 너무나 안타까워 이 글을 올립니다. 먼저 DVD-ROM 드라이브를 간단히 소개해드리겠습니다. 개인용 컴퓨터에 장착돼 사용되는 차세대 축적 미디어로 CD의 6배인 4.7GB의 용량을 가진 기록 매체로 일본을 비롯한 선진 전자업체에서 핵심적으로 투자해 개발하고 있는 최첨단 제품입니다.

현재의 개인용 컴퓨터에는 기존의 CD-ROM이 장착되어 작년 기준 세계적으로 연간 7천만 대가 보급되었고 금년은 그 이상일 것으로 예측이 됩니다. 이 CD-ROM은 일본과 대만, 그리고 한국의 2개사가 생산하여 보급하고 있는데 국내의 2개사는 세계시장의 10% 이상을 점유하며 중요한 수출품목으로 자리 잡고 있습니다. DVD-ROM은 CD-ROM보다 성능, 기능면에서 월등히 우수하고 가격적인 면은 보급이 확대될 경우 별 차이가 없기 때문에 금년 말부터 본격적으로 보급될 것으로 이 분야의 관계자들은 예측하고 있습니다.

올해 시장은 약 1천만 대 정도가 될 것으로 보이며 향후 1억 대 이상이 될 것입니다. 수출가격을 보면 현재는 약 100불 정도로 예상하고 있습니다만 보급이 정상화되면 약 50불 내외가 된다는 가정 하에 한국이 15%를 점유할 경우 5억 불 이상을 수출할 수 있다고 봅니다."

그런데 그가 속한 회사가 구조조정의 일환으로 반도체 및 통신 분야를 제외한 전 사업부문을 일괄 정리하게 됐다. 회사에서는 DVD-ROM 개발팀을 별도 사업부로 독립시키려고 하지만 투자자를 찾지 못하고 있다는 딱한 사연이었다.

그의 하소연은 계속됐다.

"저희 엔지니어들은 오늘도 무보수 상태로 열심히 개발에 몰두
하고 있습니다. 저희들은 벌써 10개월째 개인 생활은 물론 가정의
단란함마저 포기한 형편입니다. 일요일은 편안히 집에서 쉰 기억이
없고 하루 걸러 밤을 실험실에서 지새며 오직 이 제품의 개발에만
몰두했습니다. 아내와의 사이가 극도로 악화된 동료가 속출하고 과
로로 병원에 다니는 동료도 매일 발생했습니다.

저희 실험실 옆에는 오늘도 침대 2개가 놓여져 있습니다. 2~3일
을 계속해서 밤을 지새며 연구에 몰두하는 동료를 위해서 마련한
것입니다. 이 침대는 2시간 이상 이용하지 못하도록 하고 있습니다.
그만큼 시간을 최대한 절약해서 이 사업의 빠른 성공을 위해서 일
을 했습니다. 심지어 회사가 이 사업 포기를 발표한 다음 날에도 대
다수의 엔지니어들이 제품의 성능 개선을 위해서 실험실과 협력업
체에서 눈물을 속으로 삼키며 밤을 새워 일을 했습니다."

별도 사업부로 독립할 경우 50억 원의 운영자금이 필요하다는 그
들의 사연을 읽고 무척 안타까웠다. 그래서 일단 구체적으로 어떤
도움이 필요한지 말해달라고 했다.

두드리는 사람들에게는 문이 열린다

K연구원은 5일 뒤 다시 사연을 보내왔다. 그들은 사업제안서를
작성해 투자자와 관련 기관을 찾아갈 계획을 세우고 있다는 것이다.

그리고 자신들이 작성한 사업제안서, 개발 샘플, 관련 자료를 준비하여 관련 기관과 상담해보기를 원했다.

그래서 과학기술부 산하 한국종합기술금융, 정보통신부 산하 정보통신연구관리단, 중소기업청 창업지원과 등에서 그 업무를 담당한다는 답변을 보내주고 과학기술부 장관, 정보통신부 장관, 중소기업청장 앞으로 업무 협조를 특별히 부탁했다.

한 달쯤 지난 뒤 K연구원에게서 무척 반가운 답장을 받았다.

"정보통신부, 중소기업청을 비롯한 여러 유관기관으로부터 관련자료와 함께 현재 정부가 추진하고 있는 프로그램을 소개하는 책자를 받았습니다. 과거와는 달리 창업을 하는 데 필요한 여건이 많이 개선되었다고 생각합니다. 지금이야말로 무언가 제대로 되고 있는 것이 아닌가 합니다. 그리고 중소기업청의 창업지원과와 한국종합금융 벤처캐피탈협회 측으로부터 직접 전화를 통하여 적극적으로 도와주겠다는 이야기를 들었을 때 할 수 있다는 용기를 얻었습니다.

결론적으로 저희 사업은 미국의 한 회사가 수백만 불에 장비 등 유형자산과 기술력을 포함한 무형자산을 모두 인수하는 조건으로 최근 계약이 체결돼 현재 업무 인수인계를 하는 중입니다. 저희들은 이 일이 성사되기까지 저희들의 노력도 있었지만 외국사가 국내에 투자할 수 있도록 여건을 마련해주신 정부에 대해서도 깊이 대단히 감사하는 마음을 가지고 있습니다. 비록 외국인이 오너인 회사지만 모든 생산품에 대한 매출은 한국법인에 의해 이루어져 수출

되므로 결국은 국내 경제 회복에 미소하나마 도움이 될 것으로 믿고 있습니다."

그는 인터넷으로 메일을 주고 받는 과정에서 나의 답장이 연구원들에게 용기를 주었고 외국회사와 상담을 하면서 한국정부의 이미지를 높이는 데 도움이 됐다고 고마워했다.

나도 이 일을 통해 벤처기업의 어려움을 어렴풋이나마 짐작할 수 있었다. 또 정부가 행정규제를 완화하는 것뿐 아니라 조금만 관심과 성의를 보일 경우 기업활동을 하는 데 큰 도움이 된다는 사실을 다시 한번 깨닫게 됐다.

외국투자를 끌어오는 것이 애국

IMF 체제를 빨리 졸업하려면 수출과 외국자본 유치가 중요하다. 특히 선진국의 노하우를 배울 수 있고 고용을 창출하는 외자유치에 역점을 두어야 한다. 우리 기업이 살아남기 위해서라도 이제는 외국에 문을 열어야 한다. 우리만을 고집하고 외국을 배척해서는 더 이상 버틸 수가 없다. 성실한 기술개발을 통해 외국 투자자를 적극 끌어들이는 것이 애국이다.

예를 들어 폴란드 소재 대우자동차는 우리 기업이 아니라 폴란드의 기업이다. 총 매출의 4~5%만 대우의 몫으로 한국에 가져온다. GDP 대비 각국의 외자유치 현황을 보면 말레이시아는 52%, 영국은 28.6%, 중국은 18%, 미국은 17%인데 비해 우리나라는 2.3%에 불과하다.

해외 투자자의 신뢰를 회복하고 투자를 끌어들이기 위한 노력이
필요하다.

정부 때문에,
공무원 때문에

자본조정도, 노동조정도 하나같이 중요하지만 정부서비스의 조정이 구조조정의 핵심을 이루는 부분이다. 정부의 행정서비스는 제도와 법률이라는 채널을 통해 생산에 영향을 끼친다. 따라서 정부 부문의 구조조정 또한 신속하고 과감하게 이뤄져야 한다.

IMF 시대를 살면서 나는 경제의 중요성을 새삼 깨닫고 있다. 세상사의 대부분은 알게 모르게 돈과 연결되어 있고 돈의 흐름, 다시 말하면 자원의 순환에 따라 국가와 기업, 개인의 흥망성쇠가 교차하고 있는 것이 오늘의 현실이기 때문이다.

우리 사회에서 언제부터인가 '국제화'와 '세계화'란 단어가 일상적으로 사용되고 있다. 이 두 가지 용어도 결국 경제 및 기업 활동과 관련된 것이다.

국제화란 영어로 'Internationalization'이다. 단어 속에 여전히 'nation' 즉, 국가가 존재한다. 국제화란 국가가 여전히 힘을 발휘하는 국제질서 속에서 기업의 해외경제활동 규모와 내용을 확대하는 과정과 현상을 말한다.

국가는 기업이나 가계에 비해 우월적 지위를 계속 유지하면서 기업을 상대로 직·간접의 보호조치와 통제정책을 펼친다. 따라서 국가의 지위가 흔들리거나 그 역할이 위축되는 징후는 국제화 단계에서는 찾아볼 수 없다.

이에 비해 세계화(Globalization)란 국제화의 바탕 위에서 국가별 또는 지역별 시장이 통합되고 단일화되는 과정 및 현상을 말한다. 세계화의 진전에 따라 세계경제는 단순히 개별시장을 합친 것이 아니라 상호의존적인 이들 시장들이 형성하는 하나의 시스템으로 자리 잡게 된다.

이때 기업은 초국가적 지위를 획득하면서 국가와 대등한 위치로 격상한다. 기업은 과거 무역 중심의 국제관계에서 탈피해 여러 나라에서 독자적인 사업영역을 구축하고 해외 직접투자에도 앞장서게 된다. 국가는 세계 단일시장의 구축에 필요한 각종 법령과 제도를 정비하게 되며 기업은 국경 없는 무한경쟁에 돌입하게 된다.

지구촌은 우리가 미처 따라잡을 수 없을 정도로 급속한 변화를 거듭하고 있다. 특히 사회주의의 붕괴 이후 자본주의의 전 세계적 확장과 과학기술의 비약적 발전에 힘입어 경제의 패러다임 자체가 완전히 변하고 있다.

우선 정보통신의 혁명과 항공망의 발전으로 통신비용과 수송비용이 대폭 감소하면서 국가간 또는 지역간의 시간적 격차와 공간적 거리가 과거처럼 큰 문제가 되지 않는다.

이에 따라 자본·기술·상품·서비스의 이동속도가 빨라지고 이동 범위 또한 넓어지고 있다. 아울러 다국적 기업의 성장에 힘입어 국제 무역의 규모가 꾸준히 증가하고 해외 직접투자를 포함한 국제

금융의 규모 또한 급증했다.

또 각국 경제의 상호의존도가 지속적으로 심화되면서 국가 간 또는 지역 간의 시장구분이 모호해지고 국내시장 또는 지역시장의 경제현상이 국제화되는 추세다. 이는 UR협상의 타결과 WTO의 출범으로 인해 일국의 정책이 더 이상 공동의 규제로부터 자유로울 수 없는 상황을 반영한다고 볼 수 있다. 동시에 지역주의가 심화되면서 세계경제는 지역무역협정과 다자간협정이 공존하는 중층적 구조를 형성하고 있다.

벗어날 수 없는 세계 경제의 연결망

IMF 위기는 세계의 흐름을 우리가 제대로 파악하지 못한 데서 출발했다고 볼 수 있다. 각국 정부는 경제정책을 수립하고 집행함에 있어서 세계경제라는 또 하나의 중요한 제약조건을 안게 되었음에도 불구하고 우리 정부는 '우물 안 개구리' 식의 구태를 답습했던 것이다.

국가와 국가, 국가와 기업, 기업과 기업 간의 협조와 경쟁에 따라 전 세계의 경제주체 간의 부침이 가속화되는 양상을 보이고 있고, 이에 따라 일국 내의 정치경제적 갈등 양상도 근본적으로 변하고 있는데도 유독 우리 정부의 행태만은 달라지지 않았던 것이다. 살아남기 위한 최소한의 변화마저도 거부했고 그 결과는 지금의 참담한 고통으로 나타나고 있는 셈이다.

나와 아무 상관없이 보이는 구름이라도 막상 비를 쏟으면 내 옷과 양말, 속옷까지 흠뻑 적신다. 세계경제의 중요성이란 흘러가는 구름에 비할 바가 아니다. 그리고 그 중요성은 세계화의 급속한 진행을 통해 더욱 커져가는 양상이다.

세계화란 세계 경제주체들의 상호의존도가 심화되면서 단일시장을 형성해가는 일련의 과정으로 이해할 수 있다. 양적·질적으로 모든 경제주체들이 세계경제에 점차 깊숙이 발을 들여놓는 과정인 셈이다.

정부의 정책효과 또한 과거와 동일하지 않다. 일국의 정책에 대한 세계 경제주체들의 반응이 민감해졌기 때문이다. 이제는 세계경제의 반응을 정확히 예측하고 그 결과를 내부화한 정책만이 소기의 효과를 누릴 뿐이다.

더욱이 한 나라의 정책이 상당 부분 세계정부의 규제 대상이 되어가는 상황에서 자국 내의 반응에만 초점을 맞춘 정책들은 예상 밖의 부정적 결과를 낳을 가능성이 큰 것이다.

개혁이 필요한 것은 바로 이 대목이다. 행정이 국내 생산 활동의 발목을 잡아서는 안 될 말이다. 행정이 외국 투자가들의 국내진입에 장벽으로 작용해서는 더더욱 안 될 일이다. 국내에서 고용을 창출하고 세금을 열심히 내는 기업가는 국적에 관계 없이 대한민국의 애국자이다.

그런데 국내에서 사업을 시작하기조차 힘이 들고 막상 사업을 시작해도 규제 장벽에 부딪히고, 로비에 많은 비용이 소요된다면 정부가 앞장서서 기업의 경쟁력을 떨어뜨리는 역할을 하는 셈이다.

지금 구조조정을 얘기하고 있지만 구조를 조정한다는 것은 생산 활동에 들어가는 모든 것을 대상으로 해야 한다. 자본과 경영, 노동과 토지 그리고 제도와 법률 모두가 구조조정의 대상인 것이다. 그리고 이들의 조정 목표는 효율성의 제고이고 그 시기는 빠를수록 좋다.

자본조정도, 노동조정도 하나같이 중요하지만 정부서비스의 조정이 구조조정의 핵심을 이루는 부분이다. 정부의 행정서비스는 제도와 법률이라는 채널을 통해 생산에 영향을 끼친다. 따라서 정부부문의 구조조정 또한 신속하고 과감하게 이뤄져야 한다.

생산자가 경제의 전체일 수는 없다. 생산자의 이윤과 함께 소비자의 이익까지도 정부는 꼼꼼히 챙기고 살펴야 할 것이다. 그러나 망한 기업의 입에서 최소한 '정부 때문에' 또는 '공무원 때문에' 라는 부끄러운 말이 나와서는 안 될 것이라 믿는다.

사업하기 좋은 나라

불량 행정서비스, 이제는 사라져야 한다. 단 1퍼센트의 불량률도 허용하지 않는 불량률 제로의 행정서비스 공장, 그것이 바로 IMF 시대가 요구하는 행정부의 모습이요, 행정개혁의 목표이다.

본사는 일본에, 생산 공장은 미국에 둔 A라는 기업이 있다. 이 기업은 소유주가 일본인일 뿐 일본인 종업원은 몇 명 되지 않는다. 그러나 미국 공장에는 1,000여 명이 일하고 있다. 생산뿐만 아니라 제품설계, 디자인, 연구개발 등 주요 사업부문은 모두 미국에 있다.

반면 본사는 미국에 있지만 생산 공장은 일본에 둔 B라는 회사는 소유주가 미국인일 뿐 미국인 종업원은 수십 명에 불과하다. 그러나 일본 공장에는 일본인 1,000여 명이 일하고 있다. 미국은 어떤 회사를 미국회사로 간주하고 지원정책을 펼쳐야 국익에 도움이 될까.

대답은 당연히 A회사다. 국가의 입장에서 본다면 더 이상 소유주의 국적이 중요한 게 아니다. 문제는 한 회사가 자국 내에서 얼마만큼의 고용을 창출하고 가치를 부가하는가에 달려 있다는 것이다.

A와 B 두 회사가 미국 정부가 발주하는 국제입찰에 응했을 때 미

국은 어떤 회사를 밀어야 할까. 종래의 전통적인 사고라면 B회사를 밀게 된다. B회사는 계약을 따내 생산을 늘리게 된다. 일본의 공장이 바쁘게 움직이고 사람을 더 채용해야 하는 상황이 되었다. 미국은 일본을 위해 좋은 일을 한 것이다.

다국적 기업의 국내 진출과 관련해서 TV 토론회에 출연했던 한 사회학자의 말이 생각난다. 그 사회학자는 IMF 사태의 원인이 우리나라 소비자들의 사치 때문이라고 단정하고 국산품 애용 운동의 광범위한 전개를 시청자들에게 촉구했다. 그리고 다국적 기업의 한국 진출은 경제 주권을 약화시킬 뿐이라는 논리를 펼쳤다. 나는 그가 본말을 전도하고 있다는 느낌을 떨칠 수가 없었다.

우리나라의 소비재 수입은 전체 수입의 12% 내외에 불과하다. 대부분의 수입은 생산설비와 에너지, 자원을 대상으로 한다. 소위 호화 사치성 소비재로 분류된 품목의 총 수입액은 50억 달러 내외로 전체 수입액 1천5백억 달러에 비하면 얼마 되지 않는 비중이다. 달러 지출을 아끼려면 기계설비나 에너지 부문에서 합리적인 투자가 우선적으로 이뤄져야 한다.

불리함을 상쇄할 조건들이 있어야 투자유치가 가능

물론 내가 호화 사치성 소비를 두둔하는 것은 결코 아니다. 나는 평소 일부 사람들의 씀씀이가 너무 헤프다고 생각하는 사람이다. 그럼에도 불구하고 호화 사치재에 대한 수입반대운동은 그다지 실익이 없다고 생각한다.

IMF 위기를 타개하는 가장 좋은 방법은 외국의 직접투자를 국내에 유치하는 것이라고 한다. 외자를 유치함으로써 고용도 창출하고 세수도 확보하며 외채도 줄이는 일석삼조의 효과를 거둘 수 있는 것이 외국인 직접투자 유치라는 것이다. 그런데 그 유치를 위해 정부에서 상당히 노력해봤지만 이렇다 할 성과가 나지 않고 있다. 왜 그럴까.

외국인 직접투자란 외국인이 소유한 기업이 우리나라에 부가가치를 창출하고 그 경영에 영향력을 행사할 목적으로 직접 건물, 기계, 토지나 기존 기업의 일부 또는 전부를 사들이는 것을 말한다.

소위 다국적 기업은 직접투자를 통하여 해외에 자회사를 거느리고 여러 나라에 걸쳐 생산과 판매를 행하는 기업을 말한다. 외국인 직접투자는 실물자산의 소유와 경영을 목적으로 한다는 점에서 배당이나 이자 환투기 등 금융수익만을 노리는 핫머니와 구별된다는 것이 학자들의 설명이다.

다국적 기업이 우리나라에서 사업을 하는 데는 국내 기업에 비해 여러 가지로 불리한 점이 많다. 외국 기업이 자회사 또는 공장을 우리나라에 세우려면 통신·수송에 관련된 추가경비를 부담해야 한다. 해외 전화비나 출장경비, 우편물의 지연에서 오는 시간상의 경비 등이 그것이다.

또 언어·문화상의 차이나 사업관행, 조세체계, 법률구조 등도 외국 기업에 불리하게 작용할 소지가 크며 외국의 기술자나 경영진이 국내에 체류해야 하는 경우 평소보다 더 많은 임금을 이들에게 지급해야 한다. 아울러 해외사업은 환위험이나 정부정책의 갑작스런 변화 등 각종 위험이 도사리고 있다. 따라서 이 같은 불리한 조건들을 모두 상쇄할 만한 유리한 요소가 있어야 해외진출이 가능하다고 한다.

다국적 기업이 확보할 수 있는 유리한 요소는 무엇일까. 우선 현지 기업이 보유하지 못한 특별한 자산을 다국적 기업이 소유하는 경우를 생각할 수 있다. 코카콜라의 상표나 나이키의 이미지 또는 IBM의 기술이나 영업기밀 등이 이에 속한다. 현지 생산방식이 수출 방식보다 유리한 경우도 있다. 현지생산으로 인해 관세나 쿼터 등 각종 무역장벽을 피하는 동시에 수송비와 기타 생산비용을 절감하는 경우다.

우리나라가 다국적 기업의 직접투자를 얼마나 성공적으로 유치하느냐의 관건은 외국인이 국내에서 얼마나 덜 불리하게 사업을 할 수 있느냐에 달려 있다고 해도 과언이 아니다. 사업관행, 조세체계, 법률구조가 이들에게 불리하게 형성되어 있다면 외국 기업의 국내진출은 어려울 수밖에 없다. 국내 진출에 따르는 예기치 않는 위험 요소에 대해 정부정책에서 투명성과 일관성을 찾아보기 어렵다면 외국인 투자기관들의 발길은 끊어지고 말 것이다.

정부개혁의 중요성은 바로 여기에 있다. 세계의 기업들이 '한국은 사업하기 좋은 나라' 라고 평가하는 순간 우리를 둘러싼 많은 문제들은 시원하게 해결될 것이라 생각된다. 우리나라를 사업하기 좋은 나라로 만들기 위해서는 중앙정부와 지방자치단체 모두가 유리한 경제 환경을 조성하기 위해 정말 노력해야 한다.

행자부 차원에서도 자치단체가 효과적으로 외국인 투자를 유치하도록 국내에 진출하는 외국업체에 대해 투자금액이나 고용창출,

수출기여도 등에 따라 공유지를 공장부지로 장기간 임대해주고 임대료도 경우에 따라 전액 면제하는 등 여러 가지 지원방안을 마련했다.

예를 들어 투자금액이 30억 달러 이상일 때, 또는 1일 평균 고용인원이 1,000명이 넘는 대형공장 설립 시에는 공유지를 공장부지로 무상 제공한다.

또 고도 기술을 가진 사업체로 투자금액이 5백만 달러 이상이거나 벤처기업으로서 투자금액이 1천만 달러 이상일 때, 하루 평균 고용인원이 500~1,000명일 때, 생산품 전량을 수출할 때는 공유지 매각 대금의 50%를 감면받을 수 있도록 했다.

과거에 비해 상당히 진척된 내용을 만들려고 노력한 것이다. 그러나 아직 가시적인 성과를 거두기에는 더 많은 노력과 지혜를 짜내야 할 것이다.

다국적 기업 유치의 득과 실

다국적 기업의 역할에 대한 종합적인 평가는 아직 이른 감이 없지 않다. 국가 간 정책의 차이를 교묘히 이용하여 기업 활동에 유리한 지역으로만 파고드는 것이 다국적 기업의 속성이라고 주장하기도 하고 혹자는 다국적 기업이 고용창출의 기회를 저임금 국가로 이전한다고 비난한다.

아울러 다국적 기업 때문에 세계경제의 변동성이 커졌고 이에 따라 국가 간 · 계층 간의 갈등이 증폭 · 심화되고 있으며 그 와중에서 다국적 기업의 대부분이 본부를 두고 있는 미국과 서유럽을 축으로 하는 새로운 국제질서가 고착화되고 있다는 일각의 비판도 주목할

만하다.

그럼에도 불구하고 많은 경제학자들은 다국적 기업이 세계경제라는 큰 틀 속에서 자본을 효율적으로 배분하는 유도체의 역할을 적절히 수행하고 있다고 평가하는 편이다.

지난 수십 년간 다국적 기업은 막대한 자금과 영향력을 바탕으로 마침내 국가와 대등한 위치에 올랐다. 앞으로의 갈등구도는 크게 국가와 다국적 기업, 다국적 기업과 다국적 기업, 국가와 국가 간의 삼각구도가 될 것이다.

결론적으로 외국인 직접투자를 우리는 어떻게 받아들일 것인가. 다국적 기업의 활동에 대한 평가는 시간이 지나면서 긍정적으로 돌아선 게 사실이다. 지난 50년대와 60년대와 비교해보면 현재는 엄청난 차이가 있음을 알 수 있다.

특히 남미는 다국적 기업을 국가의 정치경제적 독립을 위협하는 존재로 인식했다. 우리나라도 전통적으로 외국인 직접투자보다는 차관을 선호해온 나라이다. 그러나 80년대를 지나면서 이런 우려들은 보다 실용적인 접근에 의해 불식되었고 '투자의 질'에 대한 중요성이 확산되면서 각국은 외국인 직접투자가 국내에서 얼마의 가치를 실제 부가하고 고용효과를 가질 것인지에 주목하고 있다.

행정서비스는 다국적 기업의 국내 진출에 직접적인 영향을 미치는 중요한 생산요소이다. 기업의 경쟁력 확보는 행정서비스의 경쟁력 확보라는 기초 위에서만 가능한 일이다.

정부는 기업 활동을 감시하고 감독하는 관청이 아니라 기업 활동의 중간투입물을 생산하는 행정서비스의 공장일 뿐이다. 불량 행정

서비스, 이제는 사라져야 한다. 단 1퍼센트의 불량률도 허용하지 않는 불량률 제로의 행정서비스 공장, 그것이 바로 IMF 시대가 요구하는 행정부의 모습이요, 행정개혁의 목표이다.

소프트웨어 중심의 개혁

정부개혁의 성패 여부는 공무원들의 적극적인 동참 자세에 달려 있다고 본다. 왜냐하면 정부의 문제점은 누구보다도 그 업무를 수행하는 공무원들이 더 잘 알고 있기 때문이다. 정부개혁은 결국 공무원들의 가치관과 행태를 개선하는 데 있다.

우리는 한 세기를 마감하고 새로운 세기를 시작하는 전환기에 서있다. 비단 한 세기가 아니라 새로운 천년(Millenium)의 시작이기도 하다. 다가오는 21세기는 세계적 규범과 관행(Global Standards)이 보편화된 가운데 지식·문화·정보의 가치가 빛을 발하는 시대가 될 것이다.

정치적으로는 세계의 유일한 분단국가 상태에서 벗어나 통일 한국으로 거듭나고 민주화가 지속적으로 실현되며 국가 간의 경쟁과 협력이 한층 심화될 것으로 보인다. 경제적으로는 세계경제의 패러다임이 변화해 글로벌 지식경제시대가 오고 환경문제에 대한 관심이 더욱 높아질 전망이다.

사회적으로는 시민사회가 성장하면서 사회구조가 다원화되고 정보화의 진전에 따라 사회적 관계가 질적인 변화를 맞게 된다. 또 시민들의 삶의 질에 대한 욕구가 분출하고 각종 사회 · 문화시설의 확충이 절실해지며 국가 간, 지역 간의 문화교류가 활발해질 것으로 보인다.

새로운 세기에는 공정성, 분배정의, 인간의 존엄성, 삶의 질, 시민의 책임 등이 화두로 떠오를 것이다.

OECD 회원국을 비롯한 선진 각국은 이미 80년대 후반부터 국가경쟁력 제고를 21세기의 생존전략으로 삼고 과감한 정부혁신을 바탕으로 민간의 활력과 생산성을 높이기 위해 노력하고 있다.

국가경쟁력을 확보하려면 공직사회부터 비능률과 부정부패를 몰아내고 국민을 최우선으로 생각하는 행정서비스 체제를 갖추고 세계적 규범과 관행에 맞춰 국가의 틀을 정비하는 등 창조적 지식정부로 다시 태어나야 한다.

우리는 대전환의 시기에 IMF라는 복병까지 만나 국가적 어려움을 겪고 있다. 그러나 위기는 곧 기회라는 말이 있다. 지금부터라도 새로운 세기의 주춧돌을 쌓아 나간다는 마음가짐으로 정부와 민간이 합심 노력해서 구조조정을 이루어내고 도약의 발판을 마련해야 한다.

세계화, 정보화 시대의 정부의 역할은 과거 통제 위주의 관료주의에서 벗어나야 한다. 보다 유연하고 스스로 기업처럼 움직이는 정부가 돼야 하며 직접적 생산자에서 시장경제를 뒷받침하는 간접적 조성자로 바뀌어야 할 것이다.

전문가들은 미래 정부의 모습을 촉진적 정부, 작은 정부, 시장 지향적 정부, 기업가적 정부, 분권적 정부, 성과 지향적 정부 등으로 예측하고 있다.

특히 중앙정부는 규모가 작아지게 된다. 집행기능을 지방정부나 특별행정기관, 민간에 대거 이양하는 대신 정책과 집행 사이의 종합성, 연계성을 살리는 데 치중한다. 또 정보기술과 각종 민간경영기법을 행정에 확대, 적용해 기관 간의 통합이 이뤄짐으로써 규모는 줄어들지만 조정능력은 오히려 높아질 것이다.

인원 감축이 전부는 아니다

공직사회의 개혁이 자칫 인원을 감축하고 조직을 축소하는 것으로 잘못 비쳐질까봐 걱정스럽다. 이것은 수단에 불과하다. 경제적 위기를 맞아 정부개혁의 초기단계에서는 정부규모를 축소하는 것이 불가피했다.

우리는 지금까지 구조조정에 치중해왔다. 매번 정권이 바뀔 때마다 행정의 간소화, 절차의 합리화, 행정민주화 등을 목적으로 다양한 개혁이 추진됐다. 그러나 정부 시스템 전체의 변화는 미진했고 기구, 인력의 감축에 그쳤다. 그러다 보니 기구개편과 인력감축이 정부개혁의 전부인 것처럼 국민들 사이에 인식돼 왔다.

국민의 정부의 개혁은 달라져야 한다. 기존의 정치적, 관료적인 이해관계에 얽매인 물리적이고 하드웨어적인 접근에서 벗어나 정부의 기능과 사업전반에 걸쳐 근본적으로 재검토하고 시스템 전반을 분석한 뒤, 돈은 적게 들고 효율성을 기할 수 있는 쪽으로 재편하는 작업이 이루어져야 한다. 곧 행정의 소프트웨어가 바뀌어야 한다.

행정자치부가 지금까지 도입한 것은 소프트웨어를 바꾸기 위한 출발에 불과하다. 조직과 개인의 성과개념 정착에 바탕을 둔 행정기관의 책임 운영체제 도입과 목표관리제, 공무원 인력관리의 틀을 근본적으로 바꾸는 공무원 총 정원제, 공무원 실적 평가에 객관성과 공정성을 확보하기 위한 점수제, 그리고 국민들에게 고품질의 실질적인 서비스 제공을 약속하는 시민헌장제도 등이 그것이다.

이러한 제도들이 처음부터 완벽하게 시행될 수는 없다. 제도가 제대로 정착될 때까지는 앞으로 몇 년이 걸릴지도 모른다. 앞으로 지속적으로 보완하고 개선해서 제도의 본래 목적을 달성할 수 있도록 노력해야 한다.

제도의 도입도 중요하지만 이러한 제도를 성공적으로 정착시키기 위해 장기적인 전략을 탄탄하게 세우고 지속적으로 관리해나가는 것이 더욱 중요하다고 생각한다. 아무리 좋은 제도를 도입하였다고 하더라도 도입 당시의 취지대로 활착되어 운영되지 않는다면 무슨 소용이 있겠는가.

개혁의 성패는 사람에 달려 있다

그러나 제도보다 더욱 중요한 것은 사람이다. 아무리 좋은 제도라도 어떤 사람들이 어떻게 운영하느냐에 따라 달라지기 때문이다.

21세기 세계일류 국가가 되기 위해서는 창조적인 인력이 필요하다. 지금까지 공무원들이 조직의 보호를 받으면서 조직에 의존해왔다면 앞으로는 조직 외부와 적극 교류하고 도전, 학습하며 자기 책임하에 일을 처리해야 한다. 또 조직 외부의 훌륭한 인적 자원에 대해 언제나 문호를 개방하고 최적의 인력을 받아들여야 한다.

공무원 집단은 다수의 일반 행정가에서 소수정예의 전문 행정가로 탈바꿈해야 할 것이다. 지금까지는 기본적 업무능력을 갖추고 그때그때 필요한 기술을 배우는 것만으로 해결됐으나 앞으로는 새로운 지식, 기술, 정보를 공유하고 창출하지 않으면 살아남지 못한다.

중앙부처는 앞으로 정책을 개발하는 두뇌기관으로 체질개혁을 추진해나가야 한다. 또 지방자치단체나 외청은 정책 실무를 효율적이고 원활하게 추진하면서 국민들에게 편리하고 친절하게 다가가도록 노력해야 한다.

이미 '국민의 정부' 출범과 함께 중앙부처를 21개 부처에서 17개 부처로 통폐합하고 경찰과 교원을 제외한 국가직 공무원의 10.9%를 3년간 단계적으로 줄이기로 하는 1차 정부조직 개편작업을 단행했지만, 이는 정부개혁의 시작에 불과하다. 지난 1차 정부조직 개편의 미비점을 보완하기 위해 민간 회계법인, 경영진단기관 등 객관적인 외부 민간 전문기관을 참여시켜서 17개 전 중앙부처와 16개 전 외청 그리고 4개 시범 지방자치단체를 대상으로 조직과 인사를 포함한 종합적인 경영진단을 99년 2월까지 실시할 예정이다. 이 같은 작업을 바탕으로 21세기의 새로운 행정환경에 대비해 중앙부처와 지방자치단체에 대한 조직과 기능을 재정비하는 등 정부 개혁을 가속화해나갈 계획이다.

그러나 무엇보다도 정부개혁의 성패 여부는 공무원들의 적극적인 동참 자세에 달려 있다고 본다. 왜냐하면 정부의 문제점은 누구보다도 그 업무를 수행하는 공무원들이 더 잘 알고 있기 때문이다.

정부개혁은 결국 공무원들의 가치관과 행태를 개선하는 데 있다.

그러나 누가 누구를 개혁하는 식이 되어서는 곤란하다. 권력을 잡은 정치권 인사들이 직업 공무원을 나무라고 개혁시키는 구도가 아니라 공무원 스스로가 문제의 해결자와 개혁의 주체로 나서야 한다. 공무원들은 정부개혁의 피해자가 아니라 과실의 공유자라는 인식의 전환이 절실하다.

공무원 윤리독본

나는 최근 일본 인사원에서 펴낸 『공무원 윤리독본』이란 소책자를 읽은 적이 있다. 이 책은 우리의 행정고시와 비슷한 일본 국가 공무원 1종 시험 합격자들을 대상으로 한 초임 연수과정에서 쓰이는 윤리강좌 교재이다.

나는 최근 일본 인사원에서 펴낸 『공무원 윤리독본』이란 소책자를 읽은 적이 있다. 이 책은 우리의 행정고시와 비슷한 일본 국가공무원 1종 시험 합격자들을 대상으로 한 초임 연수과정에서 쓰이는 윤리강좌 교재이다.

일본 관료사회는 청렴 강직하고 전문성이 강한 엘리트 집단으로 인식되면서 국민들의 존경을 한 몸에 받아왔다. 그런데 일련의 독직 사건이 일어나면서 공무원들의 위선적인 모습이 만천하에 드러난 것이다.

처음 후생성 차관 오카미스 노부하루의 뇌물수수 비리가 드러났을 때 국민들은 한신 대지진이 일어난 것만큼 충격을 받았다고 한다. 그러나 일본 관료사회가 남다른 것은 국민의 신뢰가 무너지려는 순간 스스로 몸을 낮춰 철저히 반성의 자세를 보인다는 점이다. 그

하나의 예시가 바로『공무원 윤리독본』이다.

내가『윤리독본』내용 중 관심 있게 본 것은 공무원의 독직사건을 예방하기 위해 구체적 상황을 예시하며 설명해 놓은 부분이었다. 강좌 시간에는 몇 년 사이 일어났던 후생성 차관의 뇌물수수, 대장성 관료의 금품수수 및 접대사건 등 구체적인 사안에 대해 토의를 벌인다고 한다.

『공무원 윤리독본』으로 상징되듯이 일본 공직사회에는 큰 변화의 바람이 불고 있다. 잇따른 산업·금융정책의 실패, 거품경제에 대한 예측 미숙 등의 책임이 결국 관료사회의 경직성 탓으로 돌려졌다. 또 독직사건으로 물의를 빚은 이후에도 사회적 관행 타령만 하는 고급관료들의 모습에 국민들은 실망과 분노를 터뜨렸다.

일본 관료제의 특징들

일본이 오늘날과 같은 경제대국이 된 데는 분명히 관료의 역할이 컸다. 일본 관료제도는 19세기 후반 명치유신기부터 시작됐는데 '관료의 국가'라고 해도 과언이 아닐 정도로 관료제도에 의해 국가가 발전해왔다.

전쟁 전까지는 천황의 대리인으로서 정치와는 거리를 둔 채 산업을 일으켜 서양을 추월하자는 단일 목표 하에 일본 근대화의 견인차 역할을 했다. 또 전후에는 국민의 공복으로서 자민당 장기 집권 하에 정책을 결정하고 국가를 움직였다. 관료가 시나리오를 쓰면 산업계는 따르기만 하면 되는 시대였고 그들에게는 '우리가 아니면 누가 하랴'라는 자부심이 있었다.

일본의 관료는 국가와 지방을 합쳐 총 4백20만 명을 넘는다. 전체 1억2천만의 인구를 고려할 때 공무원 한 사람당 국민 28명 정도로 우리와 비교하면 약 2배에 해당하고 절대수로는 약 4.5배에 달한다.

이들 관료는 채용되면 성청(省廳) 단위의 종신고용으로 정년까지 근무하게 된다. 소속 성청에 대한 귀속감은 '본가의식(本家意識)'이라 하여 평생을 함께하는 경향을 보인다. 일본의 종신고용 관행을 배경으로 최초 채용된 성청을 옮기는 경우는 거의 없다.

각 성청 직원의 채용, 승진, 전보 등 인사권은 각 성청의 장에게 주어져 있다. 그러나 사실상의 인사권 행사는 각 성청의 사무차관이 행사하며 사무차관도 독단의 인사가 아니라 다양한 내부적 협의를 통해 행사한다고 한다. 이는 일본 특유의 인사 관행으로 알려져 있으며 이로 인해 정치가 행정을 통제하지 못하는 현상이 나타나고 있다.

정년 전에 연공서열에 탈락이 불가피한 공무원은 정부투자기관 등 산하관련단체에 간부로 재취업이 된다. 따라서 공공조직 전체를 직업 관료가 지배하는 사슬형태를 보여온 것이 사실이다. 일본을 가리켜 국민이 중심인 민주주의가 아니고 관료가 중심인 관주주의(官主主義)라고 비판하는 것도 이 때문이다.

그러나 일본 역시 공직사회를 둘러싼 환경이 크게 변하고 있다. 90년대 이후 경제의 거품이 걷히면서 그동안 지나치게 부풀었던 경제구조가 조정 국면으로 접어들었으나 아직까지 회복 기미를 보이지 않고 있다.

재정적자가 누적되고 금융 부실이 경제에 큰 걸림돌이 되는 가운데 관료와 은행 간부들의 뇌물 스캔들이 이어지고 있다. 대외적으로는 국가 간의 경쟁이 더욱 치열해지고 미국을 중심으로 일본에 대한 견제와 압력도 만만치 않다.

안팎에서 개혁 요구에 부딪힌 일본 정부는 행정, 재정, 사회보장, 경제구조, 금융, 교육 등 6대 분야의 개혁을 내걸었는데 이중 가장 핵심이 행정 분야에 대한 개혁이다. 국가의 틀을 재구축하기 위해서는 행정시스템을 개혁하는 것이 가장 중요하다는 인식 때문이다.

일본 행정개혁의 주안점은 조직을 축소하고 소위 관치주의를 타파하는 것이다. 현재의 22성청을 1부 12성청으로 외형적으로나마 개편하여 국무위원 수를 20인에서 15~17인으로 줄이고 중앙부처의 국·과도 20%씩 규모를 축소하며 국가공무원 정원도 향후 10년간 10%를 감축하기로 했다는 것이다.

또 공공부문의 효율성을 확보하기 위해 정부의 업무를 민간에 넘기는 독립행정 법인제를 도입하고, 공직사회를 수십 년 간 지배해왔던 승진제도나 임용제도를 고쳐 그간의 강고하고 기득권적인 관료제를 타파하는 데 중점을 두고 있다. 즉 연공서열에 의한 승진 관행 대신 실적에 의한 인사제도를 실시하고 민간 전문가를 임기제로 임용하거나 실적급제를 도입하는 등 우리와 비슷한 개혁 작업을 추진하는 것이다.

관료의 봉급은 백성의 땀과 기름

이처럼 일본은 행정개혁을 통하여 관료에 의한 통제 중심의 국가 운영에서 탈피해 민간의 자율성을 최대한 보장하는 한편 민간의 활력을 정부부문에 도입하려고 시도하고 있다. 이와 함께 공직사회에 대해서는 국민의 공복으로서 공직자 윤리를 재확립하여 실추된 국민의 신뢰를 회복할 것을 요구하고 있다.

행정개혁의 물꼬를 터뜨린 독직사건이 밝혀진 것은 내부고발자가 있었기 때문이라고 한다. 화(和)를 생명으로 여기는 일본문화에서는 결코 용서될 수 없는 일이다. 그러나 공직사회 내부에서조차 국민의 신뢰를 받는 공무원으로 다시 태어나기 위해 내부고발이 긍정적인 역할을 했다는 평가가 내려지고 있다.

우리는 역사적, 지리적 특성으로 일본과 유사한 행정조직과 제도가 많다. 그래서 법령과 제도는 일본식으로 무척 딱딱하고 엄격하다. 그러나 많은 공직자들이 영국과 미국에서 교육받았기 때문에 제도를 운영하는 행정관리 면에서는 연성적인 특성이 있다.

현재 진행되는 행정개혁은 일본식 제도의 틀을 영미식으로 바꾸는 과정이라고 볼 수 있다. 그러나 일본 공직사회의 봉사정신이나 청렴성은 여전히 본받아야 할 가치라고 할 수 있다.

『공무원 윤리독본』의 마지막장에 실린 문구는 매우 의미심장하다. "여러분들의 봉급은 백성의 땀과 기름의 결정이다(爾俸爾祿 民膏民脂)." 이것은 1749년 이본송성(二本松城)의 성문 앞 바위에 새겨진 글귀로, 당시 그 성의 제후였던 사람이 매일 등성할 때 가슴에 새겼다고 한다.

'봉건시대인 그 당시에도 이러한 위정자가 있었는데 공무원이 국민 전체의 봉사자가 된 지금, 오히려 그런 의식이 퇴색해 가는 것은 아닐까' 라는 물음표로 『윤리독본』은 끝을 맺고 있다.

인재의 무덤, 공직사회

관료의 능력계발을 가로막고 무능을 부추기는 것은 공직사회의 여러 가지 제도들이다. 정부의 역할에 대한 요구는 시대가 변하면서 달라졌는데 아직까지 몸에 맞지 않는 작은 옷을 입고 있는 것이다.

"똑똑한 아들이 있으면 꼭 학자로 키우십시오."

언젠가 한 모임에서 이런 이야기를 했던 판사 한 분이 생각난다. 그는 자신이 그토록 원했던 판사가 되고 보니 생각보다 창의력을 발휘할 기회가 없다는 현실을 탓하고 있었다. 판결 건수가 워낙 많은 데다 법조문의 해석에 따른 판결이 그다지 높은 창의력을 요구하지 않는다는 것이었다.

물론 그의 겸손한 표현이라고 생각한다. 그러나 한편으로는 수긍이 가는 점도 없지 않았다. 진입장벽은 두터우나 막상 진입하고 보면 타성에 젖어 생활하기 쉬운 직업이 의외로 많다.

공무원 조직은 고시제도를 통해 어느 집단보다 유능한 인재를 선발한다. 그러나 이 인재들이 일단 공직사회에 발을 들여놓은 다음에는 민간기업처럼 치열한 내부경쟁이 없으니까 능력을 개발하는 데 소홀해질 수밖에 없다. 오죽하면 행정학에서 "관료는 처음에는 유능하다가도 출세함에 따라 무능해진다. 무능해질 때까지 승진을 거듭한다"는 피터의 법칙이 나왔을까.

관료의 능력계발을 가로막고 무능을 부추기는 것은 공직사회의 여러 가지 제도들이다. 정부의 역할에 대한 요구는 시대가 변하면서 달라졌는데 아직까지 몸에 맞지 않는 작은 옷을 입고 있는 것이다.

예를 들면 공직사회에도 세계화 마인드를 가진 전문 인력이 필요하지만 인사제도는 아직까지 국내 지향적으로 되어 있다. 해외에 파견 근무를 하거나 유학을 가게 되면 고과점수가 낮고 승진에서도 오히려 뒤로 밀린다.

공무원 인사원칙인 순환보직제 역시 재검토가 필요하다. 이 제도는 공무원이 한 자리에 계속 근무하는 데서 오는 매너리즘과 사기저하, 부조리 등을 막기 위해 도입한 것이다.

그러나 업무의 전문성을 떨어뜨리고 정책의 연속성을 가로막는다는 단점이 있다. 미래사회는 'ㅇㅇ광(狂)'이란 말을 들을 정도의 전문가를 필요로 하는 만큼 일정한 수준의 전문성을 필요로 하는 분야에 대해서는 순환보직제에 대한 보완이 필요하다고 본다.

창의적 사고가 가능해야 발전

공직사회를 도전적이고 창의적으로 일하는 분위기로 만들기 위해서는 적발 위주의 규정에만 얽매인 감사방식부터 고쳐져야 한다.

가까운 친구 한 명이 모 국립대 기획실장으로 재임할 때 종합전산화사업을 벌였다. 이것은 당시 국립대로서는 획기적인 사업으로 평가됐다. 다른 많은 대학들이 이를 모델로 하여 전산화작업을 추진하였다.

그런데 처음 시작한 사업이라서 직원들의 교육이 필요했고 다른 사업에 비해 교육비가 평균치보다 다소 높게 책정되었다. 그는 결국 표창장을 받는 대신 교육비를 규정보다 높게 책정했다는 이유로 경고장을 받았다.

이런 경직된 사고가 공직사회의 경쟁력을 떨어뜨리는 주요 원인이며 나아가 외국자본 유입이나 경제의 구조조정에도 결정적 걸림돌이 되고 있다. 열심히 일하는 사람의 발목을 잡는 감사방식은 곤란하다.

공무원의 교육훈련도 개선의 여지가 많다. 지식정보사회에서 살아남으려면 끊임없이 공부하지 않으면 안된다. 전문가들은 현재 우리가 겪는 국가위기의 총체적 원인으로 선진국과의 지식격차를 들고 있다.

그런데 정작 엘리트 집단으로 평가받는 공무원 사회의 교육훈련제도는 본뜻과 무관하게 승진을 위해 불가피하게 받아야 하는 의무쯤으로 인식되고 있는 형편이다.

또 프로그램 자체가 공무원의 개인별 교육수요나 동기보다는 교육훈련기관 위주로 편성, 운영되고 정신교육, 일반소양교육 등 기본교육이 50%를 차지해 전문성이 크게 떨어진다.

정부의 공무원 재교육 예산은 대기업에 비해 3분의 1 내지 4분의 1 정도에 그치는 형편인데다 공무원이 해외에 자비유학이라도 다녀오면 오히려 불이익을 받을 정도로 교육훈련의 중요성에 대한 인식이 부족하다.

앞으로는 전문교육을 강화하고 대학, 연구소, 민간교육훈련기관과의 연계를 강화하며 직장 내 연구모임, 워크숍을 활성화하는 등 다양한 방법을 모색해 지식정보사회에 맞는 인재를 길러내야 한다.

고시제도의 문제점

정부의 역할이 과거와 크게 달라진 요즘에는 고급 공무원 충원방식인 고시제도 자체에 대해 여러 가지 문제가 제기되고 있다.

고시제도는 건국 이듬해인 49년 국가고등고시란 이름으로 처음 도입됐는데, 박정희 대통령이 집권한 뒤 정부정책을 강력하고 일관되게 추진하는 엘리트를 양성한다는 목적 아래 본격적으로 실시했다.

분명한 신분상승을 보장하는 유인(誘因) 덕분에 우수한 인재들이 고시에 몰렸다. 이들은 국가 주도의 경제개발 과정에서 견인차가 됐으며 국가발전에 지대한 공을 세운 것이 사실이다.

그러나 수십 년간 지속된 고시제도를 통해 공직사회에 들어온 공무원들은 정책결정 계층인 간부직을 독점하게 되었고 조직 내에서 커다란 영향력을 발휘하면서 요지부동의 관료집단으로 자리 잡았다.

고시출신들은 '고시동기회'란 이름으로 기수별, 부별 모임을 갖는다. 외부에서 전문가가 영입되더라도 이들의 조직문화에 묻혀 개성을 발휘하기 어려운 것이 지금까지의 실정이다.

공직사회 전체의 학력이 높아지고 일반 행정에 대한 지식이 보편화된 가운데서도 단지 고시 출신이라는 이유만으로 출세가 보장되며 6급 이하의 일반 공무원들과 차별화돼 조직의 화합이 어려운 것도 문제로 지적되고 있다.

전문 엘리트에게 문호를 개방해야

고시 출신 공무원 중 대부분이 학창시절 공부를 잘했던 인물들이다. 어릴 때부터 각종 경쟁에서 우위를 차지했기 때문에 상대적으로 우월감이 크며 이 같은 특성이 한국 관료사회의 권위주의로 발전하게 된 원인이라는 분석도 있다.

그러나 지금의 공직사회는 다양한 행정지식을 가진 '잡학 엘리트' 보다는 특정 분야에 정통한 '전문 엘리트'를 필요로 하고 있다.

앞으로는 사회에서 다른 일을 하다가도 공직사회에 뜻이 있으면 자유롭게 들어오고 나갈 수 있도록 특별채용을 확대하고, 특채로 들어온 사람을 바깥사람 취급하는 공직사회의 문화가 개선되어야 한다. 이미 대학의 경우 박사학위가 없더라도 자신의 분야에서 상당한 업적을 쌓은 전문가를 교수로 초빙해 학생들에게 살아 있는 지식을 가르치도록 문호를 대폭 개방했다. 공직사회도 민간의 앞선 노하우를 행정에 접목시키기 위해 외부 전문가를 받아들이고 반드시 고시를 통하지 않더라도 실력만 갖추면 공직사회에서 고위직으로 일하는 게 당연시되어야 한다.

반면 공직사회 내부의 입장에서는 지금까지의 기득권이 사라지고 자기계발에 나서지 않을 수 없다. 관료들은 지금까지 전문성이 떨어지면서도 민간보다 우월한 입지에 있다 보니까 개인의 경쟁력에 대해 신경 쓸 필요가 없었으나 이제는 달라지게 될 것이다.

공직사회가 더 이상 '인재의 무덤' 이 돼서는 안 된다. 요즘 신세대 공무원은 선배들과 달리 창의적이고 발랄하며 의욕이 넘친다. 여러 가지 면에서 이들에게 희망을 갖게 된다. 공직사회가 바로 서야 21세기 국가의 발전을 기대할 수 있다.

공직자의 자화상
장관직에 취임이후 줄곧 공직사회 개혁을 추진하면서 무엇보다도 공무원들 스스로가 생각하고 있는 공직사회 내부의 고질적 병폐들을 들어보는 것이 중요하다고 생각했다.

"옛날 장안의 큰길에 커다란 돌이 하나 가로놓여 있어 사람들의 통행에 불편을 주고 있었는데도 아무도 이 돌을 치우지 않고 있었답니다. 장사꾼도 돌을 돌아서 수레를 끌고 지나가고, 관리도 그냥 물끄러미 바라만 볼 뿐이었답니다. 그러던 어느 날 한 농부가 이 돌이 놓인 길을 지나가다가 '이런 큰 돌이 길 한가운데 있으면 지나다니는 사람이 얼마나 불편할까' 라며 길가로 돌을 치웠답니다.

그런데 돌을 치우고 보니 많은 돈과 편지가 놓여 있었는데, 임금님이 적은 그 편지에는 '이 돈은 돌을 치운 분의 것입니다' 라고 적혀 있더랍니다."

재미있게 읽었던 동화의 한 토막이다.

장관이 되는 바람에, 늦게 본 막내아들과 함께하는 시간이 적어진 나는 가끔 시간이 날 때면 아들방에서 동화책을 뒤적이는 버릇이 생겼다. '유치하게…' 라고 생각할지도 모르지만 어른의 눈으로 보는 동화책이라는 것은 자기 반성과 새로운 지혜를 얻는 또 다른 방법임을 경험해본 사람이라면 알 것이다. 어릴 적에 알지 못했던 깨달음이 바로 거기에 있다는 사실에 가끔씩 놀라기도 한다.

장관직에 취임 이후 줄곧 공직사회 개혁을 추진하면서 무엇보다도 공무원들 스스로가 생각하고 있는 공직사회 내부의 고질적 병폐들을 들어보는 것이 중요하다고 생각했다. 그래서 행자부 전 직원들에게 공직사회 구석구석에 뿌리박혀 있는 병폐와 이에 대한 치유대책을 내어보라고 했다.

처음에는 자발적으로 받는 형식이었는데 2주일 동안 접수된 것이 80여 건에 불과해서 실망스러웠다. 행자부 본부 직원만 800명이 넘는데 접수된 것이 80여 건밖에 안 되다니, 아무런 문제가 없다는 말인가. 그래서 다시 한번 안을 내라고 채근했다. 이번에는 '없다고 생각되면 없다는 의견을 내라' 는 지시사항과 함께.

그래서 두 달 만에 나온 것이 '공직사회의 고질적 병폐와 개선방안에 대한 보고서' 900여 건이다.

결재 관행만 바뀌어도

자신의 치부를 스스로 드러내려니 이래저래 눈치도 보이고, 자신이 갖고 있는 문제들은 잘 보이지 않았을 수도 있다. 그러나 내가 문제 삼고자 하는 것은 그 어떤 병폐보다는 자신을 스스로 돌아보고 개선해보려는 태도가 부족한 것이었다.

자기 생활의 절반 이상, 아니 인생의 절반 이상을 보내야 하는 자신의 일터에 문제가 무엇인지, 그리고 그 문제를 어떻게 풀어야 할지 고민이나 토론조차 하지 않으려 하고, 나 몰라라 하는 것은 어쩌면 마치 길 가운데 놓인 큰 돌을 본체만체하는 관리의 모습을 보는 것 같았다.

물론 이렇게 된 데는 그간의 권위주의적 정치 형태와 뿌리 깊은 공무원 사회의 비민주성, 익명성을 강제하는 여러 가지 직업적 환경 등에 원인이 있다 하겠다. '나 아니라도 고민해줄 사람 많고, 괜히 나서다 모난 돌 정 맞을라' 하는 마음을 모르는 바 아니다. 하지만 시대는 변하고 있고, 우리는 원하든 원치 않든 스스로를 변화시키고 개혁하지 않으면 안 될 처지에 놓여 있다.

900여 건의 '공직사회의 고질적 병폐와 개선방안'에는 기대가 컸던지 내용이 진부하고 추상적인 것도 무척 많았다. 그러나 '이런 일도 있었나' 싶을 정도로 심각한 것도 있었다.

별로 할 일이 없는데 윗사람이 남아 있기 때문에 줄줄이 '일 없는 야근'을 해야 하는 대기성 근무, 창의적 정책개발이 아닌 비효율적 회의와 보고서류 준비에 시달리는 하위직의 고충, 언론보도의 과민 반응에서 오는 업무의 본말전도 현상, 개혁시책과 타부서 추진업무에 대한 배타주의·냉소주의 등이 가장 많이 지적되는 공직사회의 고질적 병폐들이었다.

그중에서도 눈길을 끈 것은 깨끗한 결재서류를 올리지 말자는 건의였다.

실무자가 작성한 서류가 과장 결재 때 수정돼 폐기 처분되고 과장이 새로 만든 서류는 국장 결재 때 다시 수정돼 폐기되고, 차관 결재용으로 장관 결재용으로 새로 만들어지는 것이 우리의 결재관행이다. 윗사람에게 지저분한 서류를 올릴 수 없다는 것이 이유다.

그러나 이처럼 과장—국장—차관 등 결재단계를 거칠 때마다 서류를 새로 작성하다보면 과연 실무진에서 어떤 생각으로 기안했는지 알 수가 없고 결재 중간단계에서 정책의 방향이 완전히 바뀐 사안도 최종결재자는 어떤 내용이 어떻게, 왜 바뀌었는지를 전혀 알 수 없는 서류를 받아볼 수밖에 없다. 그래서 각 결재단계를 거칠 때마다 수정·보완된 내용이 처음 작성된 서류에 남겨져 최종 결재지에게 전달된다면 문제점도 일목요연하게 드러날 수 있다는 것이다.

나는 이 아이디어를 적극 채택키로 했다. 이 같은 방식으로 결재가 진행된다면 수정된 내용보다 실무진의 현장 생각을 채택할 수 있을 것이며, 자연스럽게 정책실명제가 확립되는 효과도 있을 것이다.

900여 건의 공직사회 병폐와 치유대책 가운데 비효율적인 회의와 보고문화 관행 및 개선책과 함께 이 '결재관행' 개선책이 자체 평가에서 가장 우수한 의견으로 채택되기도 했다.

후임자를 배려하는 풍토의 아쉬움

또 하나의 우수 의견으로 '부적절한 인수인계' 관행이 채택되었다.

이미 지난번 정권 인수인계 과정에서도 국가의 주요 정책과 정보를 담당하는 기관에서 자신들에게 불리한 기록물을 불법 파기하여 크게 문제가 된 적도 있었다. 실무진 사이에서도 문서나 기록보존이 철저히 되지 않고, 업무 인수인계시 형식적이고 눈앞에 보이는 업무

외에 전반적인 업무처리 노하우가 전수되지 않는 등 공직사회의 오랜 병폐로 인식되어 왔다.

심지어 얼마 전 전국의 재난 위험 교량 558개에 대해 안전점검을 실시하고 각 교량의 설계도면에 위험 표시를 하도록 하였는데, 3%인 18개 교량만 설계도면이 온전하고 나머지는 아예 없거나 훼손되어 있어서 단면도를 새로 그려 그 위에 위험표시를 하였다는 보고를 받았다.

이는 장관부터 인사발령 즉시 자리를 뜨는 군사문화에 기인한다는 지적도 있고, 인수인계에 대한 구체적인 규정이나 관행이 없다는 것도 원인으로 지적되고 있다. 담당업무에 대한 상세한 처리요령과 업무 매뉴얼 작성을 의무화하고 생산 자료를 데이터 베이스화 하는 등 정확하고 체계적인 업무 인수인계 시스템 마련이 시급하다.

관행에 도전하라

'명함은 누구 한 사람 자기 돈 들여 제작하는 경우가 없다. 사무를 보조하는 직원들이나 신세대 명함이라 하여 자기소개 명함을 자기 돈으로 만들고 있는 게 고작이다. 인사가 있을 때마다 계장부터 장관까지 전부 인쇄소에 강압(?)적 요청으로 공짜로 한다. 작은 것 하나라도 깨끗하고 떳떳하게 행동하는 풍토가 조성되어야 할 것이다.'

'민원인에게는 까다롭게 굴면서도 국가기관 간에는 자료나 보고서의 기한을 지키지 않는 게 관행처럼 이루어지고 있다. 기관 간의 업무협조시 마감날짜를 엄수하는 풍토와 의식전환이 필요하다.'

'기존의 명패를 이름 부분만 슬라이드 식으로 만들어 자리를 옮길 때마다 이름만 빼서 가지고 다니자.'

'기관 간 협조시 관행적으로 해당기관을 직접 방문함으로써 시간 낭비는 물론, 접대와 향응의 기회를 제공한다. 원칙적으로 공문을 이용해 처리하고 전화, 팩스를 최대한 활용해야 한다. 부득이한 경우 상호 〈기관방문수칙〉을 만들어 실천해야 한다.'

'관청이 발주한 공사를 할 때 공사비 감액요인이 생겨도 상관없이 공사비 범위 안에서 사업을 추진하므로 예산이 낭비되고, 공무원과 건설업자의 결탁을 초래한다. 공무원이 공사 감독과정에서 예산을 절감했을 경우 포상 등 인센티브를 줘야 한다.'

그 밖에도 크고 작은 관행들과 개선책들이 많이 제기되었다. 이러한 제안들을 실천하기 위해 '공무원 병폐 치유대책팀'을 구성해 부내 문화를 하나하나씩 개선해나가고 사례 책자도 만들어서 공직사회 변화의 작은 지침서로 활용할 생각이다.